Heike Gerdes
Gesprochene Verbrechen

Heike Gerdes
Gesprochene Verbrechen

1. Auflage 2012

ISBN 978-3-939689-74-4
© Leda-Verlag. Alle Rechte vorbehalten
Leda-Verlag, Rathausstraße 23, D-26789 Leer
info@leda-verlag.de
www.leda-verlag.de

Titelillustration: Carsten Tiemeßen
Printed in Denmark by Nørhaven

Heike Gerdes

GESPROCHENE VERBRECHEN

Kriminalgeschichten

LEDA

 **Heike Gerdes,** geboren 1964, lebt in Leer. Zunächst Redakteurin und freie Journalistin, dann freie Mitarbeit bei Zeitungen, Zeitschriften und dem Internetmagazin *TrekZone News*. Mitglied im *Syndikat*. Autorin, Verlegerin und Herausgeberin. Gründete 2000 den Leda-Verlag und 2011 unter dem Namen *Tatort Taraxacum* eine Krimibuchhandlung mit Café und Restaurant in Leer. Der Kriminalroman *Sturm im Zollhaus* erschien 2008 unter dem Pseudonym Wolke de Witt im Leda-Verlag.

INHALT

DAS KLEINERE ÜBEL

Jeder braucht ein Hobby, sag ich immer. Der eine sammelt Briefmarken, der nächste pusselt im Garten und der dritte, der bastelt. Garten hab ich keinen, nur eine Wohnung unterm Dach, von der ich immerhin übern Deich bis auf die Ems gucken kann. Zum Briefmarkensammeln braucht man als Erstes mal Briefe, und damit ist es bei mir nicht weit her. Was ich so aus dem Briefkasten fische, ist meist nur Reklame, und da kleben keine Marken mehr drauf heutzutage. Also bin ich einer von den Bastlern.

Als ich auf Rente ging damals, hab ich erst mal dran gedacht, mir eine Modelleisenbahn zuzulegen. Diese kleinen Häuschen und Bäumchen, Schranken und Figürchen haben mich schon gereizt. Aber so eine Modellbahn mit ihren Schienen und Tunnels braucht eine Menge Platz, wenn's gut werden soll, und da hat meine Trine ein P vor gesetzt, als ich gesagt hab, die kann in die Stube, weil wir sowieso kaum Besuch kriegen und ebenso gut im Schlafzimmer fernsehen können oder in Christines altem Kinderzimmer.

Also hab ich gesagt, gut, dann eben keine Eisenbahn. Kostet ja auch nicht schlecht, der ganze

Kram. Da hab ich mir dann stattdessen Sperrholz besorgt und Leim, Zwingen, Akkuschrauber und einen schönen Satz Feilen und was man noch so braucht. War letztlich auch nicht viel billiger als ein paar Schienen, Lokomotiven und so'n Schiet, aber was soll's, Trine war froh, dass sie ihre gute Stube behalten durfte, und hat die Ausgaben genehmigt.

Und dann hab ich mein erstes Schiff auf Kiel gelegt. Meine Werft hab ich im früheren Kinderzimmer eingerichtet, das ist groß genug für eine kleine Werkbank. Und die Aussicht – traumhaft, aber das hab ich ja schon erzählt. Am Anfang hab ich ganz schön blöd dagesessen mit dem Bauplan und dem vielen Werkzeug und so. Denn so einen fertigen Bausatz wollt ich nicht haben, wenn schon, dann sollte das auch wirklich mein eigenes Boot werden. Hat ja ein paar Wochen gedauert, bis ich damit klarkam. Aber dann hatte ich wirklich ein kleines Segelbötchen fertig, ein Lotsenboot, vielleicht fünfundzwanzig Zentimeter lang, das ich stolz ins Regal gestellt hab.

Beim nächsten Boot war ich dann schon gewiefter und es dauerte nicht mehr so lang, da war eine schmucke Tjalk fertig, so ein flachgehendes Plattbodenschiff mit Schwertern an der Seite, die man sogar richtig absenken konnte. Ich sägte, feilte und leimte, und dazwischen, wenn der Leim trocknete, schaute ich aus dem Fenster über den Deich mit den vielen Schafen auf die Ems, die aus der Ferne ja immer noch ganz idyllisch aussieht, jedenfalls, wenn man die Lesebrille aufhat. Dass die Schafe inzwischen voller Dioxin sind, hab ich in der Zeitung gelesen, aber Leber mochte ich noch nie, jetzt hab ich wenigstens ein gutes Argument, wenn meine Trine mal wieder welche braten will. Die Tjalk war schon ein Staatsteil, auch wenn sie man gerade eben so ins Regal passte.

Die nächsten drei – ein Zweimaster, dem ollen Columbus seine Santa Maria und vor allem die Gorch Fock mit ihren zweiundachtzig Zentimetern Länge – waren ja schon ein bisschen sperrig, aber die hab ich dann ins Wohnzimmer gestellt. Die machen richtig was her, das musste Trine auch zugeben. Und sie war ja froh, dass ich ihr keine Schienen in die Stube gelegt hab, da hätte sie doch nicht mal mehr anständig staubsaugen können.

Ich hab dann erst mal ein paar kleine Schiffchen eingeschoben, so lange, bis im Kinderzimmerregal kein Liegeplatz mehr frei war.

Als Nächstes hab ich dann einen Trawler auf Kiel gelegt. Nicht so ein mickriges Fischerbötchen, wie sie draußen im Sielhafen für die Touristen rumliegen, so einen hab ich ja längst nachgebaut, sondern einen richtigen, der raus kann auf See, wo es noch Fisch und Granat zu fangen gibt. Hier in der Ems ist da nicht mehr viel zu holen, sagen alle. Na ja, wenn ich Fisch wäre, würde ich ja auch nicht gerne in dickflüssigem Schokoladenpudding rumschwimmen oder in »fluid mud«, wie das neudeutsch heißt. Klingt ja eigentlich ganz nett, wie so eine Schönheitsmaske oder eine modische Haarfarbe. Besser als »flüssiger Schlamm«.

Mein Trawler jedenfalls, der muss nicht im Trüben fischen, der wird weit rausfahren aus der Emsmündung, bis ins Eismeer hoch. Natürlich muss der auch als Modell ein bisschen größer sein als der lütte Kutter, sonst passt das ja nicht, wenn er daneben steht. Das hat sogar meine Trine schließlich eingesehen und mir auch geholfen, das ganze Holz die Treppe raufzutragen. Ist ganz schön sperrig, heißt nicht umsonst Sperrholz. Obwohl Trine neulich schon meinte, Sperrholz hätte doch wohl mehr mit Sperrmüll zu tun, aber die soll sich nicht so anstellen, die olle Fregatte, ich mach das alles ja schließlich auf meiner Werft. Bis auf das Zusägen, dafür bin ich diesmal ins Wohnzimmer gegangen, weil da mehr freie Bodenfläche ist. Erst hat sie ja doch gezetert, die Trine, wie ich da mit der Stichsäge, die ich mir dafür natürlich kaufen musste, und den Sägeböcken ankam. Wie sie denn wohl das ganze Sägemehl aus dem Teppichboden kriegen sollte und dass man am Sägebock vorbei gar nicht mehr den Fernseher sehen könnte und all so ein Blabla. Als wenn sie ihre »Verbotene Liebe« nicht ebenso gut von der Küche aus gucken könnte. Ich hab ihr den Fernseher sogar umgedreht und lauter stellen durfte sie ihn auch. Und als ich nach einer Woche alle Teile zurechtgesägt hatte, da hab ich alles fein säuberlich weggeräumt, damit sie Platz hat, um ihren geliebten Teppich zu saugen. Ist auch nicht viel leiser als meine Säge, aber mecker ich etwa?

Ein bisschen mehr Aufwand ist das schon, in meiner kleinen Werkstatt alles auszulegen, und die kleinen Leimzwingen taugen auch nur, um die kleineren Teile der Aufbauten und Fanggeschirre zu kleben. Für den Rumpf hab ich mir schon ein paar anständig große angeschafft.

Während das Kajütdach trocknet, schaue ich mal wieder aus dem Fenster, wie ich das so gerne mache, und stelle mir mein Schiff vor, wie es im Sielhafen ablegt, nach links ins Emsfahrwasser einbiegt und stromab Kurs auf die offene See nimmt. Auf einmal schiebt sich da doch eine Wand in meine Träume, so ein richtiges Hochhaus, wie es sie in Ostfriesland doch gar nicht gibt. Es dauert einen Moment, bis ich begreife, was da hinterm Deich vorbeikommt. Sonst hat man ja immer gleich gemerkt, wenn wieder so ein riesiges Kreuzfahrtschiff die Ems runtergeschleppt wurd, weil dann schon von weitem diese Schnulze über die Wiesen dröhnte: Time to Say Goodbye. Aber seit neuestem dürfen die das nicht mehr, jedenfalls nicht, wenn sie durch den Landkreis Leer fahren. Stört die Vögel, sagt die Behörde. Als ob tote Vögel sich noch groß an was stören. Die sind doch alle längst abgesoffen, wenn das Schiff kommt, weil die Ems dafür so hoch aufgestaut wird, dass die Brühe über die Wiesen schwappt und garantiert kein Vogelnest mehr übrig bleibt. Und die alten Vögel wären durch die Musik ja vielleicht noch in Stimmung gekommen, ein paar neue Eier anzusetzen, aber das fällt jetzt auch flach.

Von der Werkbank aus sehe ich nur die oberen Decks, deshalb trete ich ans Fenster, tausche die Lesebrille gegen die für Fernsicht und schau mir den ganzen Zauber mal genauer an. So weit ich gucken kann, keine Schafe auf dem Deich, sondern alles voll Touristen. Turnen da den Deichhang hoch übers Gras, weil die Treppen verstopft sind, und stehen dicht gedrängt auf der Deichkrone. Aber wehe, unsereins will mal da spazieren gehen, dann heißt es gleich, das gefährdet die Deichsicherheit. Die da jetzt stehen mit ihren Ferngläsern, Fotoapparaten und Videokameras, die gucken zu Hause bestimmt immer »Traumschiff« und lesen das Goldene Blatt oder die Neue Post, damit sie wenigstens aus zweiter Hand den ganzen Luxus mitkriegen, den sie sich genauso wenig leisten können wie Trine und ich.

Eins muss man diesen Emsländern ja lassen: Schiffe bauen können die. Und sie sorgen natürlich auch dafür, dass das jeder mitkriegt. Wenn ich mich mal drum kümmern würde, dass ich mit meinen Schiffen in die Zeitung komme oder ins Fernsehen, dann müsste ich auch nicht mehr um neue Werkzeuge betteln oder darum, dass ich mehr Platz für meine Arbeit kriege. Und dabei haben die auch mal klein angefangen mit ihrer Werft. Nicht mit Modellschiffen, klar, das nicht. Aber mit Fischkuttern, Gastankern und später dann mit Viehtransportern. So peu a peu wurde das dann immer größer und jetzt haben die eine Halle, in der sie Schiffe bauen können, die nicht mal mehr durch den Panamakanal passen, weil sie zu lang, zu breit und zu tief sind, nur noch durch die Ems. Die machen das wie ich beim Modellbauen: immer nach dem Motto »Was nicht passt, wird passend gemacht.« Nur, dass sie nicht die Schiffe dem Fluss anpassen, sondern den Fluss den Schiffen.

Mit dem Hintern voran wird der Luxusliner von zwei Schleppern den Fluss runtergezogen. Aber irgendwann wird der Pott die eigenen Maschinen anschmeißen, vier Stück sind es wohl mit 50 000 PS. Möchte ja nicht wissen, was die so schlucken.

Mein Trawler wird ja bestimmt ganz hübsch, aber raus auf See wird er nie fahren, wird wie die anderen Modellschiffe hier fest und tot liegen, bis mich irgendwann zwei Mann aus meiner Dachwohnung schleppen, nicht dem Hintern voran, aber mit den Füßen. Und dann wird Trine die ganzen toten Schiffe auf den Sperrmüll schmeißen. Mein Traum von der Seefahrt schmeckt mit einem Mal schal.

Ein Schiff muss fahren, nicht liegen. Soll ich einen Motor in meinen neuen Trawler einbauen? Gehen müsste das. Aber wenn Trine schon elektrische Lokomotiven zu teuer findet, wird sie das bestimmt nicht genehmigen.

Ein Segelboot ist da doch das kleinere Übel, das wird sogar ihr einleuchten. Irgendwo muss ich doch noch einen Plan haben …

*

Ich weiß gar nicht, was Trine jetzt schon wieder hat. In einen Schuppen will sie mich ausquartieren, unten beim Hafen. Dabei hab ich immer gesagt, aus meiner Wohnung geh ich nicht raus, nur mit den Füßen voran. Nur weil mein neues Boot ein bisschen größer wird als die anderen, geb ich doch nicht meine schöne Werkstatt hier auf. So eine Schnapsidee, ich soll meine Boote nicht mehr in der Wohnung bauen. Gut, das Kinderzimmer ist ein bisschen klein dafür, aber das Wohnzimmer reicht allemal, schließlich wird mein Boot nur sechs Meter lang. Die Endausrüstung mit Mast und Rigg, die kann ich dann meinetwegen unten am Hafen machen. Aber alles andere mach ich hier in meiner Werft, hier hab ich schließlich mein Lebtag Boote gebaut. Die Papenburger haben es sogar noch weiter als ich, die müssen ihre Schiffe sechsunddreißig Kilometer schleppen, bis sie am tiefen Wasser ankommen, und bauen die etwa ihre Werft woanders hin? Na also!

Für die paar Wochen kann Trine auch zu Christine ziehen, wenn ihr das hier zu laut und unbequem wird. Sie freut sich doch immer so, wenn sie ihre Enkelchen mal wieder sieht.

Könnte ein bisschen schwierig werden, die Jolle die Treppe runterzuschaffen, weil so ein Boot ja nicht nur seine Länge hat, sondern auch eine gewisse Breite. Vielleicht reicht es ja schon, das Treppengeländer abzumontieren. Und wenn nicht – so ein paar Dachpfannen sind ruckzuck runtergenommen. Boot an den Kran, ab durch die Lücke und die Ziegel wieder drauf. Und wenn das Boot dann so weit fertig ist und zur Endausrüstung unten am Hafen liegt, räume ich die Sache aus dem Wohnzimmer, hänge die Tür wieder ein und Trine kann wieder in Ruhe den Teppich saugen.

Trine, leg das mal besser weg, das ist nichts für

dich. Pass auf, Trine, das Ding ist höllisch scharf. Trine, nicht die Axt!

NESTBAU IN WEENER

»Er ist ja so geschickt, unser Renko!« Das hatte schon seine Mutter mit stolzgeschwellter Brust verkündet, als sie uns das erste Mal in der allerersten Wohnung besuchte, die ich mit Renko bezogen hatte. Die Augen vor Rührung feucht, so stand sie vor dem Schlüsselkasten, den Renko mir zum Einzug getischlert hatte. »Damit du nicht immer nach deinem Schlüssel für unser kleines Nest suchen musst, mein Herzblatt!«

Nun hatte ich zwar noch nie Probleme damit gehabt, meine Schlüssel zu finden. Ich hatte mir schon längst einen hochmodernen Keyfinder ans Bund geclipst. Ein Pfiff, und schon antwortete das Schlüsselbund. Trotzdem war ich natürlich dankbar für diesen schulheftgroßen Kasten aus Sperrholzplatten, denn der hatte sogar einen laubgesägten Aufsatz in Schlüsselform.

»Wat mooi!«, befand Renkos Mama, und ich nickte glücklich.

Warum hätte ich auch nicht froh und dankbar sein sollen? Er war wirklich so geschickt, mein Renko. Alle meine Freunde und Verwandten sagten es. Und so sparsam dazu, da konnten sich die anderen Männer aus der Nachbarschaft eine dicke Scheibe von abschneiden.

Als wir, nicht lange nach unserer Hochzeit, endlich umzogen, in die Metropole des Rheiderlands, lebte Renko erst so richtig auf. Nicht nur, weil es für ihn die Rückkehr in die Heimat war und Mama mit dem Hollandrad bequem eben zum Tee herüberkommen konnte. Noch mehr als in der fernen Stadt zählte hier in Weener, was er an handwerklichem Eifer aufzubieten hatte. Der Ostfriese an sich ist gerne sparsam. Nicht ohne Grund gibt es im Plattdeutschen so viele Ausdrücke für den Gemütszustand, in dem sich auch mein Mann meist befand. Der Schotte unter den Ostfriesen aber ist der Rheiderländer. Zum Bummel in den Nachbardörfern nimmt er vorsichtshalber erst gar kein Portemonnaie mit, damit er nach ausgiebigem Gucken im Laden reinen Gewissens beteuern kann: »Ick hebb nett keen Knippke insteken.«

Diese Gewohnheit machte sich auch Renko schnell zu eigen. Hatte ich beim Schaufensterbummel ein wunderschönes Väschen entdeckt, begleitete er mich still in den Laden, ließ mich stöbern und feilschen, um dann mit dem Ausdruck tiefsten Bedauerns zu verkünden, er habe leider … Sie wissen schon.

Nur einmal pro Woche, wenn er selber zum Aufbruch blies, konnte ich mich darauf verlassen, dass er die EC-Karte einsteckte, denn seine Einkaufs-bummel waren nicht nur ausgedehnt, sondern stets ergiebig. An jedem Sonnabend, den Gott werden ließ, und es waren viele, schwang er sich pünktlich um halb sieben aus dem Bett, streckte sich unternehmungslustig und zog die Decke aus der verzweifelten Umklammerung meiner Finger.

Unser Häuschen lag idyllisch am Rand der niedlichen kleinen Stadt, der Garten war groß und herrlich verwildert. Verwildert war allerdings auch das Häuschen, von den einfach verglasten Fenstern mit der abblätternden weißen Farbe bis zum Badezimmer, das ein ganz romantisches Emaillewaschbecken hatte, dafür aber keine Ka-cheln an den Wänden und auf dem Fußboden grünes PVC. Das Dach, mit echten Jemgumer Tonpfannen gedeckt, war wunderhübsch anzu-sehen mit seinem weichen Moosteppich und den kleinen Birken, die aus der Dachrinne sprossen.

Renkos Augen leuchteten – vor Glück über das malerische neue Zuhause in seiner alten Heimat. Dachte ich. Und unterschrieb den Kaufvertrag mit zitternden Fingern ebenso wie den Kreditvertrag der Bausparkasse. Den Vertrag über die Risiko-lebensversicherung zur Restschuldabsicherung setzte ich durch, was bei Renko aber nur kurz für Verstimmung sorgte.

Wir zogen sofort ein, denn was im Haus zu tun war, konnte genauso gut und noch besser direkt an Ort und Stelle erledigt werden, fand Renko, und seine Mutter unterstützte ihn nach Kräften. Also stapelte ich die Umzugskartons zunächst im Schlafzimmer, das nach Renkos Ansicht von allen Räumen am wenigsten dringend eine neue Tapete und einen frischen Teppich brauchte – schließlich war man da ja nur nachts, und da war es, wenn man den einzigen Lichtschalter neben der Tür aus-geknipst hatte, ohnehin dunkel und ich musste die gewagte Wand mit den klodeckelgroßen orangen und braunen Kringeln nicht sehen.

Gleich am nächsten Tag suchte ich mir aus dem Telefonbuch die wichtigsten Nummern heraus und bestellte Maurer, Dachdecker, Elektriker und Installateur in unser neues Zuhause. Renko ließ mich gewähren, bis der erste heimische Handwerker seinen Kostenvoranschlag abgelie-fert hatte.

An diesem Tag, es war ein Samstag, öffnete er die Post, schaute unten auf die dritte Seite des Briefs, ließ sich auf den Küchenstuhl sinken und sagte: »Haou.« Dann erhob er sich, zog sich ein frisches T-Shirt über, tastete nach seinem Knippke und holte den Autoschlüssel aus dem laubgesägten Schlüsselkasten. Ich angelte mir den Brief, der diesen Gefühlsausbruch ausgelöst hatte, und las mit großen Augen den Preis, den der Maler für seine Arbeit errechnet hatte.

Als Renko drei Stunden später den Kombi rückwärts auf die Einfahrt rangierte, war die Rückbank geklappt und der Wagen bis unters Dach voll. Obenauf lagen verschiedene kleinere Kästen, die er als Erstes in die Küche trug. Ich identifizierte eine Bohrmaschine, einen Exzenterschleifer und eine Stichsäge. Bei den anderen Sachen durfte ich tragen helfen. Es kamen ein Tapeziertisch, vier Eimer Wandfarbe, je ein Satz Pinsel und Farbrollen und mehrere Arme voll Raufasertapetenrollen dazu. Ich war froh. Renko hatte recht, das bisschen Streichen und Tapezieren konnten wir auch alleine schaffen. Er war ja so geschickt, und das Geld für den Maler konnten wir sparen und für die anderen Arbeiten aufheben.

Ich hatte mir gerade einen feschen Hut aus Zeitungspapier gefaltet – das gleiche Modell wie die Papierschiffchen, die wir im Unterricht immer unter der Bank gebastelt hatten – und den Tapeziertisch im Wohnzimmer aufgeschlagen, als ein aufgeregtes »Haou!« von Renko mich zusammenfahren ließ. Vor dem Haus nagelte ein Diesel und Renko eilte vor die Tür, um dem Fahrer eines blaugelben Lastwagens beim Abladen zu helfen. Behutsam lehnte er elf verschieden große Fenster an die Hauswand. Bei der weißen Kunststoffeingangstür musste ich mit anpacken. Sie war so schauderhaft, dass ich beschloss, beim nächsten Einkauf unbedingt mitzufahren.

Schon der nächste Samstag brachte uns wieder – diesmal gemeinsam – auf die Autobahn Richtung Leer, denn der Baumarkt draußen beim Emspark hatte Montageschaum im Sonderangebot. Zum Glück hatte uns die Woche trockenes Frühlingswetter beschert, so dass die Plastikfolie, die Renko vor die leeren Fensterhöhlen gespannt hatte, nicht viel auszustehen hatte.

Es folgte eine Zeit herrlicher Zweisamkeit. Gemeinsam durchstreiften wir die Baumärkte des Landkreises Leer und der Nachbargemeinden. Ich lernte die Läden schätzen, die neben Schrauben, Brettern und Dämmstoffen auch ein gut sortiertes Angebot von Geschenkartikeln und Dekomaterial hatten – von Dingen eben, die nicht einmal mein geschickter Mann selbst bauen konnte. Die Vorräte trugen wir gemeinsam in unser Nest.

Renko hämmerte und schraubte, sägte und stemmte. Ich bückte mich nach heruntergefallenen Zangen, reichte Dübel an, sammelte abgebrochene Sägeblätter auf und ergänzte regelmäßig die Heftpflastervorräte für unseren Medizinschrank, den Renko aus weiß furnierten Spanplattenabschnitten zusammengeleimt und mit einem großen roten Kreuz bemalt hatte. Bei diesen Gelegenheiten, wenn ich meinen Einkaufswagen durch die Regalreihen des Supermarktes schob, lernte ich, wenn auch geflüstert und nicht direkt an mich gerichtet, die Vokabeln »sünig« und »grannig« kennen, die ich in der Stadtbücherei im Ostfriesischen Wörterbuch nachschlug.

Ich kannte die A 31 zwischen Weener und Leer bald gut, konnte unfehlbar erkennen, ob einer der Bäume neben der Fahrbahn kränkelte, und registrierte, dass der Straßendienst durchschnittlich sechs Wochen benötigte, um entflogene Plastikplanen aus dem straßenbegleitenden Großgrün zu entfernen.

Zwei Wochen vor unserem Hochzeitstag verblüffte mich Renko dadurch, dass er die Autobahnauffahrt Richtung Meppen nahm und am Dreieck Bunde abbog, statt in der Gegenrichtung bis zum Emstunnel durchzurauschen und dann nach Leer auszuscheren.

Ich fühlte mich wie im Märchenland, als ich durch die breiten stuhl- und schrankgesäumten Alleen des schwedischen Möbelhauses in Groningen schlenderte. Renko folgte mir mit wachem Blick. Wo immer ich länger verweilte, zückte er seinen Zollstock, vermaß die massiven Kiefernschränke, filigranen Regale und kompakten Nachtschränkchen und machte sich fleißig Notizen. Meine

Frage, ob wir nicht gleich das eine oder andere Teil mitnehmen könnten, beantwortete er mit verschmitztem Grinsen und verheißungsvollem »Haou!«

An unserem Ehrentag überraschte er mich mit einem Wohnzimmerregal, das er aus ungehobelten Dachlatten und Profilholz genau nach den Maßen des Schwedenmöbels zusammengezimmert hatte.

Mit der Zeit gewöhnte ich mich an den geregelten Wochenablauf mit den samstäglichen Baumarktbesuchen ebenso wie daran, auf einer Baustelle zu leben. Dass die Ehefrauen der heimischen Handwerker inzwischen die Straßenseite wechselten, wenn ich durch Weeners malerische Innenstadt ging, gab mir zwar einen Stich, aber ich nahm es mir nicht lange zu Herzen. Ich hatte mein Häuschen und ich hatte meinen fleißigen Renko mit den breiten Schultern und den blonden Haaren.

Bis ich ihn kennengelernt hatte, waren alle meine Männerbekanntschaften dunkellockig und eher mediterran gewesen, aber seit jenem denkwürdigen Gallimarktsbesuch, bei dem mir dieser große Blonde im Schwarzwaldhaus einen Glühwein spendiert hatte, war alles anders. Rein genetisch war das zu erklären, las ich. Dass sich in der Zeit des hormonellen Hochbetriebs Gegensätze anziehen, liegt am biologischen Programm der Arterhaltung. Je größer die Unterschiede zwischen Männlein und Weiblein, desto besser werden die Gene durchmischt, was der Population zugute kommt. Zumindest theoretisch, denn das genetische Programm rechnet ja nicht mit Pille und Pariser. Erst wenn es an Nestbau und Jungenaufzucht geht, setzt das Weibchen unserer Spezies auf Ähnlichkeit, wegen der Sicherheit. Deshalb hatte ich wohl sofort gewusst: der oder keiner.

Auch meine besten Freundinnen, die mich bald nach dem Umzug besuchten, waren entzückt von meinem großen, blonden Ehemann, der mit so viel Einsatz unser Nest zu verschönern suchte. Schwatzend saßen wir unter dem Sonnenschirm auf der Terrasse, die ich aus alten Baustoffpaletten zusammengeschoben hatte, bis Renko sich ans Pflastern und Überdachen der richtigen Terrasse machen konnte. Die rothaarige Tina warf immer wieder schmachtende Blicke in Richtung Haus, wo Renkos gebräunter Rücken aus dem weißen Unterhemd kokett herüberblitzte. Sabine betonte ein ums andere Mal, wie sehr sie mich um meinen Renko beneidete. Und dass wir nicht im Wohnzimmer sitzen konnten, weil Renko dort gerade die Fliesen für den Badezimmerausbau gestapelt hatte, machte ihnen auch überhaupt nichts aus, schließlich war das Wetter noch immer hochsommerlich. Auch den Pflaumenkuchen lobten sie in den höchsten Tönen. Ich verschwieg, dass Schwiegermutter ihn gebacken hatte, weil der Herd, den Renko angeschlossen hatte, so gut heizte, dass jeder Kuchen nach zehn Minuten außen verkohlt und innen flüssig war.

Schwiegermutters Pflaumenkuchen war aber auch wirklich ein Gedicht. Binnen weniger Minuten klebten auf der Kuchenplatte neun Wespen, drei patrouillierten über dem Tisch und eine verfing sich in Sabines langen schwarzen Locken, geriet in Panik und stach Sabine in die Oberlippe. Ich lotste die Jammernde über einen Haufen Abbruchziegel in die Küche, um ihr einen Eiswürfel zum Kühlen zu geben. Mit einem mitleidigen »Haou« wollte Renko uns folgen, aber vier verwirrte Wespen versperrten ihm den Weg. Renko fuchtelte mit seinen kräftigen, sonnengebräunten Armen, trat drei große Schritte rückwärts, strauchelte über einen Mörtelzuber und kam endlich heftig rudernd so weit wieder ins Gleichgewicht, dass er mit langen Sätzen, Haken schlagend wie ein Feldhase, ums Haus flüchten konnte.

Sabines Lippe war nach wenigen Tagen wieder abgeschwollen und sie trug mir die Attacke nicht nach, zumal sich Renko sehr fürsorglich um sie gekümmert und mit seinen geschickten Händen höchstpersönlich ein kühlendes Gel aufgetragen hatte. Schon am nächsten Samstag besuchte sie uns wieder. Sie kam so früh, dass sie Renko zum Baumarkt begleiten konnte, während ich mich diesmal zur Abwechslung in unserem schönen, wildromantischen Garten zu schaffen machte. Natürlich lud ich sie zum Mittag ein und sie revanchierte sich dafür, indem sie Renko nachmittags beim Vertäfeln der Wohnzimmerdecke zur Hand ging. Ich war ihr dankbar, denn da ich auf dem besten Wege war, unser gemeinsames Nest in Weener mit neuem Leben zu füllen, genoss ich es sehr, nicht ständig auf dem Boden herumzukriechen, Profilbrettkrallen und Werkzeuge zu suchen oder mit weit über den Kopf gereckten Armen auf einem Stuhl zu balancieren, um vier Meter lange Holzbretter gegen die Decke zu drücken.

Stattdessen stellte ich mir einen Gartenstuhl in ein schattiges Eckchen hinter eine Holzwand, die den ewigen ostfriesischen Nordwestwind abhielt, beobachtete mit wohliger Trägheit die vorbeitorkelnden Zitronenfalter und lauschte dem Zwitschern der Vögel und dem Summen der Bienen.

Ein ausdauerndes Knistern, als würde jemand ständig die Nägel von Daumen und Zeigefinger aneinanderknipsen, erregte meine Aufmerksamkeit, und nach einigem Suchen entdeckte ich an der Windschutzwand drei fleißig raspelnde Wespen, die sich den Bauch oder was auch immer mit Holzspänchen vollschlugen. Sie ließen sich von mir nicht im geringsten stören, waren ganz vertieft in ihre Arbeit – genauso vertieft wie Renko und Sabine ins Vertäfeln unseres Wohnzimmers.

Ich holte mir ein Buch und kehrte in meinen Gartenstuhl zurück, um von dort aus meine Naturstudien fortzusetzen. Und es gab viel zu beobachten: Hier das Raspeln und Knispeln der Hymenoptera aus der Familie der Vespidae. Dort das Nestbauverhalten von Homo sapiens sapiens. Mehr oder weniger sapiens jedenfalls.

Während Sabine und Renko ziemlich ortsfest blieben, waren die Wespen ständig in Bewegung. Ausdauernd verschifften sie ihre Holzspäne auf dem Luftweg und steuerten zielstrebig die fünfte Dachpfanne von unten an. Zum Schutz der Bauarbeiter vor Kammerjägern oder Kuckuckswespen, die gewohnheitsmäßig ihren Nachwuchs in fremden Nestern ablegen, schwebten immer drei, vier Wächter an den Grenzen des Staates von Vespula germanica.

Die Tage waren warm und trocken und jeden Morgen, wenn die ersten Strahlen der Morgensonne die Dachpfannen erwärmten, begann dort ein munteres Summen, Raspeln und Knispeln.

Stieg die Temperatur nachmittags zu stark an, schaltete das expandierende Wespenvolk den Ventilator an und ein vielhundertfaches Flügelschlagen erfüllte die Luft mit gleichmäßigem Brummen.

Grenzkonflikte hatten wir nicht. Ich beschränkte mich aufs Beobachten und Renko war im Haus zu beschäftigt, um zu bemerken, was sich über der Palettenterrasse abspielte. Immer häufiger brach er jetzt zudem auch an normalen Wochentagen nach Feierabend zum Baumarkt auf. Mit Rücksicht auf mich und meinen Zustand meist allein. Ohne mich waren seine Einkaufstouren aber längst nicht so erfolgreich, immer häufiger kam er zwar spät, aber ohne neue Elektrogeräte, Farbeimer und Badezimmerfliesen zurück.

Ich begann mich zu langweilen, denn auch Sabine hatte immer seltener Zeit, mich zu besuchen. Nur samstags kam sie noch, hatte dann aber viel zu viel damit zu tun, Renko beim Heimwerken zur Hand zu gehen.

Ich beobachtete das Wachsen des Heims von Vespula germanica und, wie mir – spät, aber schlagartig – endlich klar wurde, als Renko mit der Stichsäge die Bauteile eines herzförmigen Schlüsselkastens zurechtsägte, das Balzverhalten von Homo sapiens. Und das alles, während die Birken auf dem Dach meines Nestes wuchsen, der

Efeu die Wände emporkletterte und sich unter die Dachziegel vorarbeitete.

Es dauerte eine ganze Weile, bis ich Renko davon überzeugt hatte, dass das Dach vor dem Herbst unbedingt repariert werden musste. Aber eines schönen Morgens, die Sonne war gerade aufgegangen und ihre Strahlen hatten noch nicht viel Kraft, lehnte er endlich die lange Leiter an den Giebel unseres Hauses. Ich verabschiedete mich herzlich von ihm und fuhr zum Einkaufen, um ihm bei der Arbeit nicht im Wege zu stehen. Als ich vom Hof fuhr, hatte er bereits die obersten drei Dachpfannenreihen entfernt.

Der dunkellockige Notarzt war sehr einfühlsam. Ich sah ihn mit tränenumflortem Blick an, als er mir ein Beruhigungsmittel in den Arm spritzte und mit seinem entzückenden mediterranen Akzent behutsam fragte, ob er jemanden benachrichtigen solle. Ich schüttelte den Kopf und versuchte ein tapferes Lächeln. Ich würde schon zurechtkommen, ganz bestimmt. Ja, doch, ich wäre ihm schon dankbar, wenn er morgen noch einmal nach mir sehen könnte. Zur Teezeit vielleicht.

Als der Notarztwagen und der silbergraue Kombi mit den gekreuzten Palmwedeln auf der Milchglasheckscheibe um die Ecke des Kleidobbens verschwunden waren, ging ich in die Küche. Ganz unten in der Schublade, unter den Kostenvoranschlägen der Handwerker, lag auch die Police der Restschuldversicherung. Sie würde mir helfen, mein Nest trotz alledem wohnlich herzurichten.

Aber erst einmal bestrich ich zwei Scheiben Toast fingerdick mit süß duftendem Pflaumenmus, legte sie auf einen Teller von meinem Lieblingsgeschirr und stellte sie auf die Terrasse. Als kleines Dankeschön.

SONNE, MOND UND STERNE

Man kann ja vieles schönreden. Graues, nieseliges Novemberwetter? Da ist es drin erst so richtig gemütlich. Nebelfetzen, die von den Weiden über die Straße züngeln? Wunderbar unheimlich, die richtige Kulisse für Krimis und Schauergeschichten. Der erste Frost? Da schmeckt doch der Grünkohl erst richtig gut.

An manchen Tagen konnte Femke am ostfriesischen Herbst tatsächlich schöne Seiten entdecken, aber heute war der November einfach nur grau, fies und ungemütlich. Der kalte Nebel hatte sich schon an ihren Haaren festgesogen, als die Tür des Friseursalons hinter ihr zugefallen war, und die Fahrt zurück nach Ditzum über die schmale, von Schlaglöchern zerfurchte Straße war im pottendicken Nebel und bei Reifglätte kein bisschen romantisch gewesen, sondern trotz der teuren neuen Winterreifen einfach nur anstrengend.

Mit dem Ellenbogen schob sie die Haustür zu, stellte die Einkaufskiste auf die Treppe und schaltete die Flurlampe an. Der Flor ihres hellgrauen Mantels war während der Autofahrt schon fast getrocknet. Sie hängte den Mantel auf den Garderobenhaken über der Heizung und drehte den

Thermostatknopf höher. Die schwarzen Schuhe waren schmutzig und der linke zudem nass; Beim Supermarkt hatte sie zielsicher direkt neben der größten Pfütze geparkt. Erst ausstopfen oder erst die Einkäufe wegräumen? Erst die Schuhe, beschloss Femke, aber vorher trockene Socken anziehen. Die Nase kribbelte sowieso schon, nicht auch noch eine Grippe riskieren.

Ächzend hob Femke die Einkaufskiste an, um sie mit in die Küche zu nehmen. Verteufelt schwer, das Ding, war ja auch wieder mal ein Großeinkauf heute. Jede Menge Dosen, dazu auch noch eine Extraportion Mehl, Zucker und andere Backzutaten und der ganze Süßkram für Martini. Und Arno natürlich bis nächste Woche auf Montage. Wenn man die Männer mal brauchte …

Sie wuchtete die Einkäufe auf den Küchenschrank und griff sich eine Handvoll Zeitungen aus dem Korb. Kurzer¬ Blick auf die Titelseite. Gut, nicht die von heute, die würde sie nachher in Ruhe lesen, gemütlich im warmen Wohnzimmer. Sie nahm den Papierstapel mit in den Flur und setzte sich auf die zweitunterste Treppenstufe. Farbige Bilder auf der Lokalseite. Gab es früher auch nicht, aber heute musste ja alles bunt sein. Sie knüllte das Blatt zusammen und schob es in den nassen Schuh. Ganz bis vorn in die Spitze, reichte noch lange nicht. Also auch noch den Ostfrieslandteil. Automatisch überflog sie die Überschriften. *Emsbrücke bald wieder gesperrt.* Na, was für eine Überraschung. *Bundeswehrsprecher ruft zu moralischer Unterstützung für Soldaten im Afghanistaneinsatz auf.* Na sicher doch! Femke schnaubte. Bald dürfen wir wieder Socken fürs Winterhilfswerk stricken wie unsere Omas damals. Sie ballte auch diese Seite zusammen und stopfte sie in den Schuh. *Gewürzhändler ruft verunreinigten Sternanis zurück.* Mensch, hatte sie gerade gekauft, nachher mal in Ruhe nachschauen, ob das ihre Marke war. Für die Moppen brauchte sie nur die Gewürznelken. Das Blatt kam an die Seite.

Zwei Grundschüler an Schweinegrippe erkrankt, sag ich doch, bei dem Sauwetter kein Wunder. Knüllen, stopfen, das musste reichen. Sie stellte die Schuhe ordentlich nebeneinander unter die Heizung und musste lächeln. War doch noch gar nicht Nikolaus. Schade, denn dann hätte Arno jetzt schon Urlaub und ihre langersehnte Griechenlandreise wäre zum Greifen nahe.

Sie legte die Hand an den Heizkörper. So bei kleinem müsste da doch mal ein bisschen Wärme ankommen. Sie ließ die Hand liegen. War da was? Nein, war wohl nur die Wärme ihrer Hand, die sich auf das Metall übertrug. Daneben war es kalt, das Rohr auch. Schon wieder mal ausgefallen, die alte Heizung. Ab in den Keller, nachgucken. Nicht genug Wasser drauf vielleicht. Oder nur die Zündflamme ausgegangen, wenn sie Glück hatte.

Zwei Stunden später hatte Femke wieder mal den Beweis dafür, dass Glück Auslegungssache ist. Wenn man an einem frostigen Novemberabend mit kaltem Hintern in einem Dorf am Ende der Welt sitzt, muss man unter »Glück« schon verbuchen, dass der Klempner einen nicht vertröstet, sondern noch am selben Tag anrückt.

»Mann, was duftet das lecker hier«, sagte Erdwien Erdwiens, Seniorchef der Installationsfirma *Erdwiens & Söhne*, gleich beim Betreten des ausgekühlten Hausflurs. Kaum, dass er sich für das übliche »Moin« Zeit nahm. Femke konnte es ihm nicht verdenken, denn sie hatte sich während der Wartezeit an den Einkäufen vergriffen und schon zwei Bleche Moppen gebacken. Wärmte erstaunlich gut, so ein Backofen.

»Schon für Weihnachten?«, fragte Erdwiens. Seine breiten Nasenlöcher rundeten sich, als er in Richtung Küche witterte.

»Nee, nee, einfach so. Oder für Martini.« Sie holte den Plätzchenteller und Erdwiens griff zu, ohne zu zögern.

»Ist doch kein Anis drin, oder? Den kann ich nicht ab. Und meine Frau haut das Zeug in alle Plätzchen, obwohl das außer ihr keiner mag.« Er schob den ganzen Keks auf einmal in den Mund, kaute. »Sehr gut. Viel zu schade für Martini, wissen die Bälger heute doch gar nicht zu schätzen. Wenn das nicht bunt eingepackt ist, schmeißen die das doch so weg.« Er schluckte und wischte die letzten Krümel aus den Mundwinkeln. »Letztes Jahr hat einer von den Zugezogenen Mandarinen verteilt. Was war das für 'ne Sauerei am nächsten Morgen! Alles plattgefahren und klebrig. Sah aus wie im Papageienhaus.« Mit deutlichem Bedauern lehnte er weitere Plätzchen ab und verschwand im Keller.

*

Glück ist tatsächlich Auslegungssache. Wenn zu Hause außer Teestövchen und Backofen alles kalt bleibt – »Das Ersatzteil krieg ich heute aber nicht mehr, wird wahrscheinlich auch gar nicht mehr hergestellt« –, dann ist es schon ein Glück, wenn ein Abendtermin im Kalender steht. Und sei es auch nur der Canasta-Abend mit den Nachbarinnen. In Femkes Küche war der November in all seiner Trübseligkeit eingedrungen, saß breit und bräsig auf dem Küchenstuhl, der noch die Wärme von Erdwiens blaubehostem Hintern gespeichert hatte. Sie ließ ihn dort hocken und radelte zum Speitenhus. Dort war es wenigstens warm. Ansonsten hatte das Glück sein Pulver für heute verschossen. Femke verlor ein Spiel nach dem anderen, vergaß, die roten Dreien auf den Tisch zu legen und kassierte dafür Strafpunkte, kaufte einen riesigen Stapel, obwohl ihre Mitspielerinnen kaum noch was in der Hand hatten, und saß mehr als einmal mit der ganzen Hand voll unbrauchbarer Karten da. Letztlich kein Wunder, denn ihre Gedanken waren ein paar Häuser weiter bei der kaputten alten Heizung.

»Na, Femke, dir ist wohl der Brägen eingefroren«, frotzelte Adele, die am Ende der Runde mal wieder einen satten Gewinn einstreichen konnte. »Wisst ihr schon, Femke und Arno ha'm die Heizung kaputt«, verkündete sie den anderen. Tiefes Bedauern in der Stimme, aber das konnte Femke nicht täuschen. Adele trieb heute ausnahmsweise nicht die Sensationslust alleine, sondern die nackte Gier. Von kaputten Heizungen, tropfenden Wasserhähnen und verstopften Abflüssen lebten Adele und Erdwien Erdwiens nun mal. Und offenbar ganz gut. Erst vorige Woche war Adele braungebrannt und all-inclusive-genudelt von Teneriffa zurückgekommen. Über den Jahreswechsel war Tunesien gebucht.

Femke wollte sich nicht beklagen. Arno verdiente immerhin genug, um die Raten fürs Haus abzuzahlen und Femke wirtschaftete sparsam, so dass dank ihres Nebenjobs im Friseursalon die Weihnachtsgeschenke für die Kinder nicht zu dürftig ausfallen würden und dieses Jahr sogar der Griechenlandurlaub drinsaß.

Aber Adele und Erdwien würden jetzt wohl noch einen zusätzlichen Urlaub einschieben können, vielleicht ganz schickimicki zum Skilaufen. Während Femke und Arno sich bei der Griechenlandreise auf jeden Fall den teuren Akropolisausflug verkneifen mussten. Ob sie sich Delphi noch leisten konnten, würde sie genau nachrechnen müssen.

»Sieh es doch mal von der guten Seite«, empfahl Adele honigsüß. »Eine neue Heizung war bei euch doch längst fällig. Und jetzt könnt ihr endlich in die Zukunft investieren¬ und langfristig nicht nur die Umwelt schonen, sondern auch den Geldbeutel.«

Na, wunderbar, dachte Femke. Und wer schont meinen Geldbeutel jetzt? Dein Erdwien jedenfalls nicht, der hatte ja schon die Eurozeichen in den Augen, als er mir vorhin am Küchentisch die schönen bunten Prospekte gezeigt hat.

Adele langte quer über den Tisch und füllte ihren Punschbecher auf. Dabei leuchtete ihre Nase eh schon kräftig. Alkohol oder Erkältung? Klebrige rote Flüssigkeit sprenkelte die helle Tischplatte, als einige größere Stücke aus der Kelle in die Tasse platschten. Mit spitzen Fingern fischte Adele einen Anisstern aus ihrem Punsch und legte ihn auf die Serviette in der Tischmitte. »Oder soll ich ihn wieder reinwerfen? Gibt bestimmt noch Geschmack ab, wär doch schade drum.«

»Denk nicht mal dran!« Martina rümpfte die kleine Nase, während sie die Münzen, die ihren Minuspunkten entsprachen, in das große Honigglas klimpern ließ, das die Spielkasse enthielt. »Deine Bazillen kannst du für dich behalten. Womöglich hast du aus dem Urlaub die Schweinegrippe mitgebracht und wir sitzen dann damit!«

Alle lachten.

Adele winkte ab. »Ich doch nicht. Erdwien war letztens bei den Bruhns' – habt ihr sicher gehört, denen ihre Kleinen sollen das ja haben. Da hat ihm der Doktor gleich Tamiflu verschrieben, das müssen wir jetzt zehn Tage nehmen und dann kriegen wir keine Grippe.« Sie kicherte. »Ich fang aber erst morgen damit an, auf dem Beipackzettel stand, dass einem davon schlecht werden kann. Ich werde ja nie krank, aber die Nebenwirkungen von Medikamenten, die krieg ich alle. Und ich wollte doch heute mit euch Canasta spielen, ohne dauernd raus zu müssen. Wollen wir noch eine Runde?«

»Nee, tut mir leid, morgen ist ja Martini, muss ich noch was für vorbereiten.« Martina hob abwehrend die Hände, als Adele ihr den Kartenstapel zum Mischen hinhielt. Auch Silke hatte es plötzlich eilig, nach Hause zu kommen.

Adele zog einen Schmollmund. »Wenn ihr Angst habt, euch anzustecken, bitte schön.«

»Geht ruhig, ich räum heute auf«, bot Femke an. Lieber noch ein bisschen im Warmen bleiben. Auch Adele holte ihren Mantel. »Ich geh dann auch mal. Morgen kommen meine Enkel, mit denen will ich um sechs Laterne laufen. Kennen die in Bremen ja gar nicht. Ich hab zwei schöne Laternen für sie gebastelt, eine Katze und ein Feuerwehrauto!« Sie stöckelte mit ihren schicken Stiefelchen davon, winkte im Hinausgehen kurz mit der Linken.

Die Tür fiel hinter ihr ins Schloss, ein Schwall November¬kälte schwappte in den Raum und Femke fröstelte. Wenigstens war es trocken. Hoffentlich blieb es auch morgen so. Femkes und Arnos Söhne waren zwar längst aus dem Alter raus, in dem sie mit leuchtenden Laternen von Haus zu Haus zogen und an den Türen Lieder sangen, um Süßig¬keiten zu sammeln, aber Femke konnte sich noch gut an triefende Kinder und aufgeweichte Schokoriegel in klatschnassen Rucksäcken erinnern.

Sie teilte den Kartenstapel in zwei ordentliche Hälften und verstaute sie in der Schachtel. Das große Honigglas stand noch offen auf dem Tisch. Das musste sie auch noch mit nach Hause nehmen, sonst übernahm das Adele immer. Ganz schön schwer. Sie griff nach dem Schulheft, in dem sie ihre Spielstände notierten und blätterte es durch. Demnach war einiges zusammengekommen dieses Jahr. Nach Weihnachten würde die Canastarunde sich wie üblich treffen und das Geld bei einem gemeinsamen Essen auf den Kopp hauen. Femke pfiff überrascht. Fast dreihundert Euro, nach so viel sah es gar nicht aus.

Sie seufzte.

Auf den Abstecher zur Akropolis hatte Arno sich so gefreut und auf den Delphitempel auch. Dreihundert Euro würden dafür auf jeden Fall reichen. Bis zum Weihnachtsessen könnte sie das Geld wieder zurücklegen. Das meiste davon stammte ja sowieso aus ihrem eigenen Portemonnaie, so viel Pech wie sie in der letzten Zeit beim Canastaspielen hatte.

Femke leerte den Inhalt des Glases auf die Serviette, wo noch Adeles klebriger Anisstern lag. Sie begann zu zählen. Als sie hinter sich Schritte auf dem Dielenboden hörte, fuhr sie zusammen.

*

Natürlich regnete es an Martini. Bei Einbruch der Dämmerung klingelte es das erste Mal an Femkes Haustür. Zwei Zwerge in Regenmänteln standen vor dem Eingang. Ihre Papiermonde mit Batterielämpchen, die zum Schutz vor Sturm und Nässe in Mülltüten gewickelt waren, boten einen trostlosen Anblick. Femke wartete geduldig, bis die Lütten mit ihrer Mutter zusammen ihr »Laterne, Laterne, Sonne, Mond und Sterne« abgesungen hatten und ihr danach eilig die Kehrseiten zuwandten. »Das habt ihr aber schön gemacht«, log sie und ließ in jeden der offenen Rucksäcke eine Handvoll Schokoriegel und ein Beutelchen mit selbstgebackenen Keksen fallen. Die nassen Zwerge zogen von dannen und Femke kehrte in die Küche zurück.

Die war immer noch der wärmste Platz im Haus, obwohl Erdwien Erdwiens schon morgens um halb neun mit der Arbeit angefangen hatte. Das Ersatzteil hatte er leider nicht mehr auftreiben können – »kein Wunder bei der uralten Anlage« – und sich von ihr die Bestellung für eine nagelneue Heizung unterschreiben lassen. Dann hatte er sich darangemacht, die alte Anlage auszubauen.

So recht kam er mit seiner Arbeit allerdings nicht vom Fleck, er war blass und verschwand mehr als einmal im Badezimmer. Offenbar vertrug er das Grippemittel nicht gut.

Kein Wunder, die Liste der Nebenwirkungen des Medikaments war lang und enthielt lauter Beschwerden, die Femke Adele von Herzen gönnte. Übelkeit, Erbrechen und Magenschmerzen waren nur die häufigsten, die Femke im Internet gefunden hatte. Pech, dass auch Erdwien darunter zu leiden hatte. Vor allem, weil er kurz nach dem endgültigen Ausbau der alten Heizung mit einer knappen gemurmelten Entschuldigung durch die Hintertür verschwunden war und nicht wieder auftauchte, als der Nachmittag kam und verstrich und die Kinder, die an der Haustür klingelten, größer wurden und lustloser sangen, je dunkler es draußen wurde.

Femke nahm eine weitere Portion Plätzchenteig aus der Schüssel. Dieses Blech würde etwas ganz Besonderes werden. Mit grimmiger Befriedigung knetete sie die geschmeidige Masse, rollte sie zu einer dicken Wurst und grub ihre Finger fest hinein, als hätte sie Adeles sonnengebräunten Hals in den Händen.

Klebrige Finger hätte Femke offenbar, hatte Adele gesagt, als sie gestern Abend plötzlich hinter ihr im Speitenhus aufgetaucht war, weil sie das Glas mit Geld vergessen hatte. Dem Geld, in dem Femke just in diesem Moment versonnen wühlte, das sie für den bevorstehenden Urlaub so gut hätte gebrauchen können, wenn es wirklich fast dreihundert Euro gewesen wären. Und nicht nur ein bisschen über vierzig. Aber auch dann hätte Femke dieses Geld nicht genommen, so sehr es ihr sekundenlang doch in den Fingern gejuckt hatte. Sie war keine Diebin.

In einem hatte Adele allerdings recht: Niemand würde Femke glauben, dass das Geld schon vorher nicht mehr im Glas gewesen war. Wer klaute und veruntreute wohl eher: eine angesehene Unternehmersgattin oder eine chronisch klamme Teilzeitfriseuse, die jetzt auch noch eine neue Heizungsanlage bezahlen musste?

Femke ballte den Teig zu einem Klumpen zusammen, knallte ihn auf die Arbeitsplatte und schüttete aus dem Mörser die zerstoßenen Gewürze auf die hellgelb glänzende Masse.

Breit gegrinst hatte diese Schickimickischnecke mit ihren geschminkten Lippen. Femke müsste sich keine Sorgen machen, sie würde den anderen schon nichts von ihrem Diebstahl verraten. Vorausgesetzt, Femke würde ihr das fehlende Geld bis zum Wochenende bringen. Falls nicht – Adele hatte bedauernd mit der Zunge geschnalzt –, müsste sie es den Mitspielerinnen natürlich erzählen. Und auch Femkes Chefin warnen, dass ihre Aushilfe es nicht so mit der Ehrlichkeit hatte.

Wütend knetete Femke das grobe Pulver unter den Teig. Der Duft nach Zimt, Nelken und Anis war so verlockend, dass sie am liebsten von dem rohen Teig genascht hätte, aber das wäre keine gute Idee gewesen.

Es sei ja wirklich schade, hatte Adele Erdwiens gesagt und dabei angelegentlich ihre lackierten Fingernägel betrachtet. Ganz bestimmt müssten Femke und Arno ja außer dem neuen ¬ Heizungsbrenner auch einen neuen Warmwasserkessel einbauen lassen. Aber vielleicht würde die Bank ihnen ja die Hypothek aufstocken. Natürlich nur, wenn Femke ihren Job auch weiterhin behielt.

Die Gewürze waren gut eingearbeitet und Femke rollte den kleinen, duftenden Klumpen flach aus. Eigentlich waren Moppen ja nur kleine Halbkugeln, aber diese hier hatten eine Sonderbehandlung verdient. Welches Förmchen sollte sie zum Ausstechen nehmen? Der Stern war wohl am passendsten, schließlich enthielten die Plätzchen auch Sternanis. Oder eigentlich eher nicht. Die Zeitungsmeldung über den verunreinigten Sternanis hatte noch auf der Flurkommode gelegen, als Femke gestern Abend nach Hause gekommen war, nicht nur vor Kälte zitternd, sondern vor Wut. Und wie das Leben so spielt, stammten ihre neu gekauften Gewürztütchen von dem betroffenen Gewürzhändler. Statt sich zum Aufwärmen und zur Beruhigung einen würzigen Glühwein zu brauen, hatte Femke in eine Decke gewickelt den Abend vor dem Computer verbracht und herausgefunden, was es mit dem Unterschied zwischen echtem und falschem Sternanis auf sich hatte. »Der japanische Sternanis«, so las sie, »ist eine giftige Shikimifrucht, kann aber nur sehr schlecht vom echten Sternanis unterschieden werden, und enthält gesundheitsgefährdende Giftstoffe. Wegen des ähnlichen Aussehens der Früchte kommt es oft zu ungewollten Verwechslungen und zu Vermischungen zwischen Gewürz und giftiger Frucht. Durch das Übertragen der ätherischen Anisöle auf die Giftpflanze ist sie im Gemisch mit Sternanis nicht leicht herauszufinden«.

Viel interessanter als die Tatsache, dass Shikimi für Räucherwerk verwendet wurde, fand Femke die Information, dass die darin enthaltene Shikimisäure den Grundstoff für die Herstellung des Mittels bildete, das die Familie Erdwiens vor der Grippe bewahren sollte. Nach dem Motto »viel hilft viel« würde sie Schickimcki-Adele eine Extraration Shikimi zukommen lassen.

Adele Erdwiens, die sich damit brüstete, nie krank zu werden, die aber grundsätzlich alle Nebenwirkungen streng nach Beipackzettel abarbeitete, würde ihre Freude an diesen Plätzchen haben. Und weil außer Adele kein anderes Familienmitglied Anis mochte, brauchte Femke sich auch keine großen Sorgen zu machen, dass ihr In-stallateur unnötig lange ausfallen würde. Adele durfte sich ganz alleine an Übelkeit, Erbrechen und Magenschmerzen erfreuen. Mit etwas Glück brachte der Shikimi-Doppelpack ihr auch die etwas selteneren Symptome wie allergische Reaktionen oder Bewusstseinstrübungen, Halluzinationen und Krämpfe.

Femke legte die ausgestochenen Teigsterne behutsam auf das Backblech und schob sie in den heißen Ofen. Für sich genommen waren die Tamiflu-Nebenwirkungen schon ganz beachtlich, das hatte sie vorhin ja bei Erdwien gesehen. Zusammen mit den duftenden Shikimiplätzchen, die Sehstörungen, eine ernsthafte Schädigung der Nieren, der Harnwege, des Verdauungssystems und des Nervensystems bis hin zum Atemstillstand verhießen, würde es reichen.

Der Küchenwecker schrillte und Femke zog das Blech aus dem Ofen und ließ die goldenen Sterne auskühlen.

Wieder klingelte es an der Haustür. Panisch sah Femke auf die Uhr. Was, wenn das schon Adele mit ihren Enkeln war? Zu früh, die Plätzchen waren noch zu heiß!

Es war aber nur ein Knabe im Stimmbruch, der knapp verkündete: »Martinus Luther war ein Christ«, eine Jutetasche aufhielt und zum nächsten Haus weitereilte. Glück gehabt.

Femke warf dem unmusikalischen Jungen einen besorgten¬ Blick hinterher. Der Regen hatte immer noch nicht aufgehört, aber wenigstens hatte der Sturm etwas nachgelassen. Der Strom der kleinen Martinisänger allerdings auch.

Und wenn sie nun nicht kam?

Die Plätzchen waren einigermaßen abgekühlt. Femke hob sie vorsichtig vom Blech und füllte damit zwei kleine Plastikbeutel, die sie mit in den Flur nahm und auf die Treppe zu den anderen Süßigkeiten stellte. Mit der Menge hatte sie sich ziemlich verschätzt, sie würde fast die Hälfte ihrer Anissterne wegwerfen müssen, ein wahrer Jammer. Später. Jetzt hielt es sie in ihrer Ungeduld nicht länger in der Küche.

Als es klingelte, stand sie schon bereit. Sie öffnete die Haustür und hinter ihr klappte im Durchzug die Küchentür zu. Wahrscheinlich hatte Erdwien bei seinem überstürzten Aufbruch die Hintertür nicht anständig zugemacht. Vor der Tür schwankte ein rotes Feuerwehrauto aus Papier im Wind, im Hintergrund grinste ein geschminkter Schickimickimund und in Kniehöhe lächelte sie eine leuchtende Katze an.

Femke lächelte zurück, während die Kleinen »Mien lüttje Lateern, ick hebb di so geern« anstimmten.

Sie griff bereits nach den Kekstüten, aber Adeles Enkel kannten auch noch die zweite Strophe.

Etwas klapperte in der Küche. Eine von den streunenden Dorfkatzen vermutlich. Kaum stand irgendwo eine Tür oder ein Fenster offen, hatte man die Biester im Haus. Na ja, gleich konnte Femke sie verscheuchen und die Hintertür abschließen. Mit Mühe verkniff sie es sich, ungeduldig mit den Fingern an den Türrahmen zu trommeln.

Aber Adele war eine strenge Lehrmeisterin. Wo sie jetzt ihre Enkelkinder schon mal zu Martini bei sich in Ditzum hatte, sollten sie offenbar mit ihren Sangeskünsten bleibenden Eindruck hinterlassen. Nach einem aufmunternden Stups von achtern begannen die Gören mit der dritten Strophe.

War's das jetzt? Tatsache. Die Sänger klappten die Münder zu und starrten Femke erwartungsvoll an. Na endlich. Rucksackklappen auf, Kekstüten und ein paar Schokoriegel rein, winkewinke und viel Spaß noch. Aufatmend schloss Femke die Tür und knipste das Außenlicht aus. Martini war für heute vorbei. Jetzt musste sie nur die blöde Katze rausschmeißen und die restlichen Kekse entsorgen.

Sie hatte die Klinke schon in der Hand und fuhr zusammen, als die Küchentür von innen geöffnet wurde.

»Tut mir leid, ich wollte dich nicht erschrecken!« Arno stand plötzlich neben ihr und drückte ihr einen herzhaften Kuss auf die Wange. »Bin ein paar Tage früher nach Hause gekommen, hab mir eine Grippe eingefangen. Aber keine Bange, bis zum Urlaub bin ich wieder fit, der Arzt hat mir was verschrieben.« Er fröstelte. »Ist das so kalt hier drin oder sind das die Nebenwirkungen von diesem Tamiflu?«

Femke wischte sich mit der Hand über die Wange. Hellgelbe Krümel rieselten auf den Küchenfußboden.

SPARGEL FÜR DEN DOWNLOAD

Jeelka setzte die schmale Klinge flach am Kopf an und zog sie mit sanftem Druck am Schaft entlang nach unten. Der schmale, zartviolette Streifen löste sich vom elfenbeinweißen Schaft und fiel in einer großen Locke auf das blau-weiß karierte Geschirrtuch. Jeelka streifte eine lange, klebrige Faser vom Holzgriff des Messers, drehte die feuchte Stange ein wenig und setzte erneut an.

»Das dauert ja ewig mit diesem winzigen Messerchen, da kannst du ja gleich eine Nagelfeile benutzen.« Volmine warf einen verächtlichen Blick auf den kleinen Berg locker geringelter Schalen, der sich vor ihrer Schwester auf dem Küchentisch gesammelt hatte. »Warum hast du denn nicht wenigstens fertig geschälten Spargel gekauft oder tiefgekühlten, wenn du unbedingt angeben musst?«

»Damit die Stangen so aussehen wie deine?« Jeelka sah auf die andere Tischseite, während sie die fertig geschälte Stange mit dem zarten Kopf nach oben in ein Sieb legte und nach einem neuen Spargel griff. Bei Volmine lag ein respektabler Berg dickerer Schalen, aber die wenigen Stangen des teuren Gemüses, die sie auf den Tisch gelegt hatte, waren unterschiedlich dick, die Schäfte beulig und einige sogar zerbrochen. Unästhetisch, genau wie Volmine mit ihrem strohigen aschblonden Haar und der ärmellosen buntgeblümten Bluse. Ein Wunder, dass Ayelt es schon über zwanzig Jahre mit ihr aushielt.

»Ich finde ja immer noch, wir sollten einfach grillen«, fuhr Volmine fort. »Damit kann man praktisch nichts falsch machen, wenn Besuch kommt. Für jeden zwei Koteletts, ein paar Streifen Bauch und Nudelsalat dazu. Aber du musst für deinen neuen Download ja unbedingt die perfekte Hausfrau spielen.«

Jeelka schnitt ein zwei Finger breites holziges Stück vom unteren Ende der Spargelstange mit etwas zu viel Nachdruck ab. Die scharfe Klinge glitt durch den Spross bis in ihren Zeigefinger und auf der weißen Stange bildete sich ein dünner, roter Film. Sie wischte ihn mit dem Zipfel des Geschirrtuchs ab und saugte verärgert an dem feinen Schnitt. Musste ihre Schwester von Nicolas immer nur als von Jeelkas »Download« sprechen? Die hatte leicht reden. Ein gutverdienender Ehemann, der kaum jemals auf die Idee kam, die langweilige Volmine gegen ein erotisches Abenteuer einzutauschen, jedenfalls nicht auf

Dauer. Dazu ein phantasieloses, aber geräumiges Haus mit riesigem Garten – zwar im Rheiderland und weitab von allen nur halbwegs interessanten Städten, aber immerhin.

Jeelkas bisherige Eheversuche waren weniger erfolgreich verlaufen.

Maint war etwas zu abenteuerlustig gewesen, dabei so engstirnig, dass er Jeelkas Versuch, ihm mit gleicher Münze heimzuzahlen, sofort mit dem Gang zum Scheidungsanwalt quittiert hatte. Womit sich das Thema »Häuschen im Grünen« ebenso erledigt hatte wie zehn Jahre später bei Heinz, der nicht nur das Haus behielt, sondern auch den gemeinsamen Sohn.

Lutz wiederum war so langweilig gewesen, dass sie es mit ihm nicht einmal bis zum Standesamt geschafft hatte.

Seitdem war Jeelka vorsichtig geworden. Das nächste Haus würde für immer sein, der nächste Ehemann auch, deshalb gab sie sich seit Jahren mit einer kleinen Stadtwohnung zufrieden und achtete darauf, dass die Männer ebenfalls eine eigene Wohnung – erreichbar, aber nicht zu nah an ihrer eigenen – behielten, während sie ihre Ehetauglichkeit testete. Wenn sie das Bedürfnis verspürte, im Garten zu sitzen, fuhr sie ihre Schwester besuchen und war nach ein paar Tagen froh, weder mit ihrem Schwager Ayelt noch mit einem anderen Kerl unter einem Dach wohnen zu müssen.

Bei Klaus wäre sie beinahe schwach geworden, als er mit Koffer, Gitarre und sehnsüchtigem Augenaufschlag vor ihrer Tür gestanden hatte. Aber sein Rasierwasser war ihr schon am zweiten Morgen auf den Magen geschlagen und sie hatte ihn gerade noch zum Bahnhof gefahren, aber nicht einmal mehr am Zug gewinkt.

Jenseits der Dreißig wurde eine Frau bekanntlich eher vom Blitz getroffen, als dass sie einen neuen Mann fürs Leben fand. Und Jeelka war schon seit zwanzig Jahren jenseits der Dreißig. Was sich im Urlaub in romantischen Strandlokalen oder am Rand von Hotelpools finden ließ, waren entweder eitle Gockel oder arme Würstchen, die kaum den zweiten Cocktail überstanden, auf keinen Fall aber eine zweite Nacht. Oder sie rückten irgendwann damit heraus, dass sie schon verheiratet waren – nur noch auf dem Papier, versteht sich, aber wegen der Kinder oder der Firma mussten sie es leider mit der Angetrauten aushalten, die sie nicht verstand.

Zum Glück gab es mittlerweile andere Möglichkeiten, Männer kennenzulernen. Jeelka hatte sich bei mehreren Flirtforen angemeldet und testete unter dem vielversprechenden Namen *feinschmekker59* die Kandidaten erst einmal aus der Ferne.

Jeelka hatte ihren Spargel fertig geschält und griff über den Tisch, um die restlichen Stangen vor den groben Händen ihrer Schwester zu retten, die gerade mit einer langen Klinge eine weiße Stange enthauptete. Mit einem solchen Messer konnte man vielleicht ein Schwein abstechen, aber doch keinen Spargel schälen! Jeelka hatte den Umweg über Holtland zum Edelgemüse-Bauern nicht unternommen, um nachher einen Topf unansehnlicher Spargelleichen zu servieren. »Wasch du mal die Kartoffeln«, ordnete sie an. »Ich mach das hier schon fertig.«

Volmine warf die verstümmelte Stange auf Jeelkas Geschirrtuch und schob den Küchenstuhl zurück. »Aber sicher, Prinzessin«, sagte sie spöttisch. »Ich kümmere mich ums Grobe. Von kultiviertem Gemüse verstehst du ja viel mehr. Die zarten, weißen Stangen sind bei dir bekanntlich in guten Händen.«

Nanu, das klang richtig anzüglich, so kannte sie ihre ältere Schwester ja gar nicht! Stirnrunzelnd sah sie zu, wie Volmine die kleinen, runden Kartoffeln aus der Plastiktüte ins Spülbecken schüttete.

»Wo ist eigentlich Ayelt?«, fragte Jeelka und hätte sich am liebsten geohrfeigt, als ihr klar wurde, dass dieser Gedankensprung ihre Schwester womöglich auf falsche Ideen brachte. Oder auf richtige, auch wenn Jeelkas Experiment mit ihrem Schwager schon einige Jahre zurücklag, bevor dessen Haar sich zu lichten begann. Sie wurde rot.

Aber Volmine wandte ihr den Rücken zu und ließ Wasser ins Becken laufen. Der feine Sand, der sich von den Kartoffeln löste, knirschte auf dem Edelstahlboden und Jeelka sog unwillkürlich scharf die Luft durch die Zähne. Volmine war und blieb ein gefühlloses Trampel.

»Der kommt später«, sagte ihre Schwester und begann, die Kartoffeln nachdrücklich mit der Wurzelbürste zu schrubben. »Was soll es eigentlich zum Spargel dazu geben? Doch wohl nicht nur Kartoffeln? Dein Download ist doch hoffentlich kein Vegetarier.«

»Er heißt Nicolas«, erinnerte Jeelka sie schärfer als unbedingt nötig.

»Aber Download stimmt doch, oder?«, beharrte Volmine. »Er ist doch einer von deinen Märchenprinzen aus dem Internet.« Sie lachte. »Wenn ich noch an den letzten denke, den du dir runtergeladen hast …«

Jeelka schnaubte unwillig. An John wollte sie nun wirklich nicht gerne erinnert werden. Dabei hatte das Foto, das er im Forum eingestellt hatte, wirklich zu großen Hoffnungen berechtigt. Ein knackiger, braungebrannter Gentleman mit langen, silberdurchwirkten schwarzen Locken. Und ein schnittiger Jaguar, natürlich in Racing Green. Im Hintergrund ein palmenumstandener, strahlend weißer Bungalow. Er würde sie allzu gerne auf seine Finca einladen, schrieb er und wollte ihr sogar ein Flugticket schicken.

Leider war er dann unmittelbar vor ihrem Besuch kurzfristig in einen finanziellen Engpass geraten. So hatte sie den Flug selbst bezahlt und er hatte sie strahlend am Flughafen abgeholt.

Mit einem alten Polo waren sie zu seinem kleinen, düsteren Häuschen gefahren, in dem es erbärmlich durch Fenster und Türen zog. Immerhin hatte man von seiner Terrasse aus wirklich einen guten Blick auf den strahlend weißen Bungalow und den Jaguar gehabt. Aber beides gehörte dem Nachbarn und der war fast siebzig, kahlköpfig und außerdem schwul.

Aber John hatte Volmine ja gar nicht getroffen, erinnerte sich Jeelka. Wahrscheinlich meinte sie Hans mit der blonden Wikingermähne. Den hatte Jeelka im Anschluss an ein nettes Wochenende mit nach Ditzum gebracht, um ihn ihrer Familie vorzustellen. Er hatte sich wunderbar mit Ayelt verstanden und ihm den ganzen Nachmittag lang von seiner Spielzeugeisenbahn vorgeschwärmt. Als er aus seinem Koffer einen Leitzordner geholt hatte, in dem er Hunderte von Seiten aus Modellbahnkatalogen, fein säuberlich in Klarsichthüllen abgeheftet, aufbewahrte, hatte Jeelka sich mit heftigen Kopfschmerzen ins abgedunkelte Gästezimmer verzogen, bis es Zeit zur Heimfahrt war. Und beschlossen, dass sie von Männern mit einsilbigen Vornamen die Nase voll hatte.

»Ich hab noch Schnitzel in der Kühltruhe«, sagte Volmine. »Wenn ich die eben in der Mikrowelle auftaue, können wir die dazu braten. Wann wollte dein Download überhaupt kommen?«

»Nicolas«, sagte Jeelka automatisch. *Nicolukullus* nannte er sich und sie hatten sich am Computer ganze Nächte um die Ohren geschlagen, Rezepte ausgetauscht und über gute Restaurants und ausgefallene Gerichte gechattet. Sie hatten sich so gut verstanden, dass Jeelka schon nach wenigen Tagen sogar ihre Webcam eingeschaltet hatte, um ihm etwas ... privatere ... Einblicke in ihr Leben zu gönnen.

Sie warf einen Blick auf die Küchenuhr, eine weiße Porzellanscheußlichkeit mit roten Mohnblüten und leuchtend blauen Kornblumen, ein typisches Volmine-Einrichtungsstück, das perfekt zu den Fensterbildern aus Tonkarton passte, die im leichten Luftzug schaukelten. Kurz vor elf schon.

»Er müsste jeden Moment da sein.« Eigentlich war er schon überfällig, aber das würde sie Volmine nicht auf die neugierige Nase binden.

Die letzte Stange war geschält und Jeelka ging

mit dem Sieb zur Spüle, brauste den Spargel ab und stellte die Stangen mit den Köpfen nach oben in einen hohen Topf, füllte Wasser auf und gab Salz und einen Löffel Zucker dazu.

»Wie lange kennt ihr euch eigentlich schon?«, fragte Volmine weiter. »Ich meine, weil du vorhin was vom Heiraten erzählt hast ...«

»Schon ewig«, brummte Jeelka. »Na, jedenfalls kommt es uns so vor.« Sie lächelte. »Du glaubst gar nicht, wie viel wir gemeinsam haben. – Du brauchst gar nicht so zu gucken. Wenn man seelenverwandt ist, spürt man das sofort. Ob man sich zwei Jahre kennt oder zwei Wochen, spielt da keine Rolle.« Sie stellte den Topf auf den Herd und überlegte, ob sie die Platte schon einschalten sollte. Womöglich hatte Nicolas sich verfahren. Wer konnte wissen, wo ihn sein Navi hingeführt hatte, das glaubte bestimmt, es gäbe noch eine Brücke über die Ems.

»Seelenverwandt, na wenn du meinst ... Was ist jetzt mit den Schnitzeln? Es sind wirklich genug da. Die ganze Gefriertruhe ist voll Fleisch.«

»Glaub ich dir. Aber lass mal, danke. Ich habe Kochschinken mitgebracht, der passt viel besser zum Spargel. Schnitzel sind so ... na ja, gewöhnlich. Womöglich panierst du sie auch noch, das erschlägt dann den ganzen Geschmack.«

Volmine ließ nicht erkennen, ob sie beleidigt

war. Sie zuckte nur die Achseln, stellte den Kartoffeltopf auf den Herd und drehte den Schalter. »Wenn wir pünktlich essen wollen, solltest du deinen Spargel auch aufsetzen, sonst wird der nicht mehr gar.« Sie wartete die Antwort nicht ab, sondern schaltete auch die zweite Platte ein. »Pass auf die Töpfe auf, ich muss eben nach Post gucken.«

Statt zum Briefkasten an der Haustür zu gehen, verschwand sie im Wohnzimmer. Jeelka folgte ihr und sah, dass ihre Schwester sich vor einen Computerbildschirm setzte.

»Den habt ihr aber noch nicht lange«, stellte sie überrascht fest.

»Schon ewig.« Volmine drehte sich nicht um, sondern ließ die Finger mit den kurzen, unlackierten Nägeln routiniert über die Tastatur huschen. »Kommt mir jedenfalls so vor.« Sie öffnete das Mailprogramm und eine lange Liste von neuen Nachrichten erschien auf dem Schirm.

Jeelka versuchte, sich ihre Überraschung nicht allzu deutlich anmerken zu lassen. Ihre Schwester hatte nicht nur einen Computer, sondern sogar einen Internetzugang und, was sie noch mehr erstaunte, bekam offenbar größere Mengen E-Mails. Vermutlich tauschte sie mit anderen Hausfrauen Grillsaucenrezepte oder Vorlagen für Tonkartonbilder aus. Jeelka versuchte, einen Blick auf die

Nachricht zu werfen, die Volmine gerade geöffnet hatte, aber ihre Schwester minimierte das Fenster, als Jeelka näher trat. »Von Postgeheimnis und Privatsphäre hast du wohl auch noch nichts gehört, oder?«

Gekränkt wandte Jeelka sich ab und sah aus dem Fenster. Noch immer kein Nicolas in Sicht. »Wo bleibt eigentlich dein Ayelt?«, fragte sie, um sich abzulenken.

Volmine tickerte auf dem Computer. »Auf den müssen wir nicht warten. Der kommt heute nicht zum Essen«, erwiderte sie leichthin. Sie verschickte die Mail, die sie gerade geschrieben hatte, und wandte sich um. »Wie sieht dein Down… ich meine Nicolas überhaupt aus? Und wie ist er so? Du hast ihn doch wohl schon mal ge…troffen?«

»Noch nicht«, gab Jeelka zu. »Und ein Foto habe ich leider nicht mit.« Sie gab sich einen Ruck. »Aber wenn du willst, kann ich dir ein paar Bilder zeigen. Online, meine ich.«

Volmine rückte zur Seite und Jeelka zog sich einen zweiten Stuhl heran. Sie startete den Internetbrowser und begann, eine Adresse in die oberste Zeile zu tippen. Das Programm vervollständigte die Eingabe automatisch und öffnete die Startseite eines Chats.

»Hast du überhaupt an die Sauce gedacht?«, warf ihre Schwester ein.

»Hmm?« Jeelka war nicht bei der Sache. In der Anmeldemaske stand schon ein Benutzername und das Passwortfeld war mit Sternchen ausgefüllt. Flirtete ihr ach so treuer Schwager etwa heimlich? Sie widerstand der Versuchung, die eingestellten Daten mit einem Klick zu bestätigen und ein bisschen in seinen Daten zu schnüffeln, und tippte stattdessen ihren eigenen Nickname ein.

»Die Sauce. Du hast hoffentlich nicht vergessen, ein paar Päckchen zu kaufen!«

Jeelka stöhnte. »Die Sauce hollandaise mach ich schon, sobald Nicolas da ist. Da mach dir mal keine Sorgen.«

»Wie willst du denn Hollangdäse machen, wenn du vergisst, sie zu kaufen?«

Jeelka hatte sich inzwischen eingeloggt und durchsuchte ihre Kontaktliste. »Ich will keine Tüte Fertigpampe warmmachen, wenn du das meinst«, sagte sie schroff. »Das kannst du vielleicht deinem Ayelt vorsetzen, aber Nicolas ist Feinschmecker.«

Es hatten sich wieder eine Menge Nachrichten angesammelt. Sie überflog die Einträge. Hier war einer, der nicht übel klang, auch wenn sie eigentlich gar nicht mehr auf der Suche war, schließlich hatte sie ihren Nicolas gefunden. Trotzdem klickte sie schnell auf die Profilseite des Fremden und erkannte enttäuscht, dass der blonde

Modellbahnhans sich mit einem neuen Namen bei ihr gemeldet hatte. Der glaubte wohl, es merkte keiner, wenn er mit verschiedenen Identitäten auf die Jagd ging. Sie löschte seine Nachricht und wies den Computer an, Botschaften von diesem Benutzer in Zukunft zu ignorieren.

In der Favoritenliste fand sie Nicolas problemlos – sie hatte ihn mit einem goldenen Sternchen markiert. Auch eine neue Nachricht von ihm wurde angezeigt. Noch ein Liebesbrief, obwohl sie für heute verabredet waren, wie süß. Vielleicht ein romantisches Gedicht oder ein neues Rezept, das er ausprobiert hatte? Sie würde die Botschaft jedenfalls erst lesen, wenn Volmine ihr nicht mehr über die Schulter sah. Stattdessen öffnete sie das Fotoalbum, in dem sie seine Bilder abgespeichert hatte.

»Das ist er.« In Jeelkas Stimme schwang deutlicher Besitzerstolz. Sie hörte erfreut, dass sogar Volmine verblüfft Luft holte. Kein Wunder! Ihr Seelenpartner hatte nicht nur einen guten Geschmack, Lebensart und einen wunderbaren Charakter, er war auch noch sehr vorzeigbar mit dem kastanienbraunen Haar und den katzengrünen Augen.

»Ist doch ein Prachtstück, oder? Ich kann es gar nicht erwarten, ihn endlich zu treffen.«

Aus der Küche war lautes Zischen zu hören.

»Die Kartoffeln kochen über«, murmelte Volmine und sprang auf.

Jeelka hörte ihre Schwester in der Küche fluchen und klappern. Die war bestimmt ein Weilchen beschäftigt. Übergekochte Kartoffeln waren eine Riesenschweinerei. Also konnte sie in Ruhe Nicolas' Brief lesen, bis Volmine wiederkam. Sie lächelte voller Vorfreude, als sie die Nachricht anklickte. Doch nach wenigen Zeilen gefror das Lächeln auf ihrem Gesicht und ihre Augen füllten sich mit Tränen der Enttäuschung. Warum hatte sie nur vergessen, Nicolas ihre Handynummer zu geben? Dann hätte er ihr heute Morgen schon sagen können, dass sein Wagen unterwegs den Auspuff verloren hatte und er ihn in die Werkstatt bringen musste. Dann hätte sie sich wenigstens das Spargelschälen sparen können, wenn er die Verabredung heute sowieso nicht wahrnehmen konnte. Konnten Volmine und sie jeder ein ganzes Kilo Spargel essen? Hoffentlich dauerte die Reparatur nicht zu lange.

Sie las weiter und sah aus dem Augenwinkel, dass Volmine wieder hinter ihr auftauchte.

»Ich hab doch gesagt, ich will keine Schnitzel«, fauchte sie mit tränenerstickter Stimme. »Was willst du jetzt denn mit der blöden Pfanne?«

Als der feuerrote Roadster auf die Einfahrt rollte, hatte Volmine die Küche schon picobello aufgeräumt. Eine große Schüssel mit frischem Kartoffelsalat stand auf dem Tisch.

Sie trocknete sich die Hände ab, fuhr sich mit allen zehn Fingern durch die Haare und ging zur Tür. Sie öffnete, noch ehe das Klingeln verhallt war, und strahlte den Besucher an.

»Schön, dass du so pünktlich kommen konntest, Nick«, sagte sie und lächelte in seine leuchtend grünen Augen. »Ich habe den Grill schon ange-heizt und die Gefriertruhe ist gefüllt. Ganz frisch. Möchtest du Kotelett oder lieber Bauch?«

ALLE MEINE MÄDCHEN

An allem sind nur die Mädchen schuld. Warum musste Fenna so plötzlich ihre Koffer packen, nach drei wunderbaren Jahren, so von eben auf jetzt?

Wenn die Liebe in die Binsen geht, schlägt die Stunde der wahren Freundschaft, das ist eine alte Weisheit. Mein bester Freund an diesem traurigen Abend in der Hockbar war Charly. Und Charly tröstete mich nicht allein, sondern brachte alle seine Kumpels mit.

Beim fünften Charly registrierte ich am Rande meines Gesichtstunnels eine Bewegung.

»Frauen sind allesamt Verbrecher.«

Das klang gut. Ich fokussierte mit Anstrengung einen fusseligen Blondschopf und stellte schließlich auf ein paar wasserblaue Augen in einem rosigen Gesicht scharf, die mich voller Verständnis betrachteten.

»Lass jetzt bloß den Kopf nicht hängen, das ist kein Weib der Welt wert. Zwei Jever!«

Eine rosige Hand mit blonden Fusseln schob mir kurz darauf das Glas unter die Nase und ich leerte es fügsam, während die Stimme meines Hockernachbarn mich sanft umspülte.

Bier auf Charly kommt gar nicht gut, da kann

ich nur vor warnen. Als ich den schweren Kopf in meine Handfläche schmiegen wollte, rutschte mein Ellenbogen vom Tresen und mein neuer Freund fing mich mit einem lachenden »Hoppla« sanft auf, ehe ich vom Hocker kippte.

»Zeit für die Heia«, stellte er fröhlich fest. »Lass mal, Sportsfreund, ich mach das.«

Geschickt zog er das Portemonnaie aus meiner Jackentasche und nestelte erschreckend viele Euroscheine daraus hervor, wobei er meine Papiere und Visitenkarten auf dem Kneipenboden verteilte. »Hoppla«. Er bückte sich, um alles einzusammeln. »Wolke Boelsen, Logaer Weg«, las er vor, ehe er alles zurückstopfte und mir in die Jacke schob. Auffordernd streckte er die Hand aus. »Ist eine ganz schöne Strecke. Du willst doch jetzt wohl nicht mehr fahren!«

Artig händigte ich ihm die Schlüssel aus. Er hatte ja recht, es wäre schade um meinen schönen Volvo, und den Lappen brauchte ich im Job auch nötig.

Die Heimfahrt verdämmerte ich und wachte nur kurz auf, als mich mein neuer Freund in meiner leeren, fennalosen Wohnung sanft auf den Futon gleiten ließ.

»Soll ich dir'n Taxi rufen?«, knäuelte ich mühsam zwischen den alkoholtauben Lippen hervor, dann wurde es Nacht.

*

Oha. Solche Kopfschmerzen hatte ich lange nicht. Meine Gehirnmasse schien auf Fußballgröße angeschwollen und schwappte bei jeder Bewegung träge gegen die Innenwand des noch viel größeren Schädels. Ich schnupperte. Fenna hatte keinen Kaffee gemacht.

Fenna würde mir überhaupt nie wieder Kaffee machen, denn Fenna war weg, nur weil ich mich geweigert hatte, sie zu so einem Gäulewetthopsen zu begleiten. In meinen Augen sammelte sich Salzwasser, in der Speiseröhre Salzsäure. Trübe tappte ich ins Badezimmer, in dem seit gestern Mittag nur noch meine Sachen standen. Nur ein Deoroller, ein Duschgel, zwei Zahnbürsten. – Moment. Zwei? Dass Fenna offenbar doch nicht komplett ausgeräumt hatte, baute mich etwas auf.

Nach einer ausgiebigen Dusche, einem großen Glas Orangennektar und zwei Aspirin sah der Morgen schon wieder besser aus und ich war so weit wieder hergestellt, dass mir der Termin um halb zehn wieder einfiel. Ein Blick zur Uhr – fünf vor neun. Knapp genug, aber noch zu schaffen. Jacke, Notizblock, Stift, Handy, Autoschlüssel. Verdammt. Autoschlüssel? Ich klopfte Hose und Jackentaschen ab, Ich rückte die Kommode von der Wand, fand aber nur Fennas Wohnungsschlüssel, den sie mir gestern vor die Füße gepfeffert hatte. Ich zwängte mich unters Bett und sah schließlich sogar im Schlüsselkasten nach. Im Wohnzimmer trat ich auf eine Scherbe, fand dann auf dem Couchtisch einen Zettel von meinem Notizblock.

Moin, Sportsfreund!
Ich wollte dich nicht wecken, musste früh zum Arbeit. Deinen Wagen stell ich dir heute Abend wieder hin. Bis nachher, Jörg

Jörg also. Ich musste lachen. Das war das seltsame Geräusch, das ich gestern gehört hatte. Jörg. Und ich hatte in meinem Suffkopp geglaubt, jemand hätte einen Frosch zerquetscht.

Der Restalkohol in meinem Blut hätte momentan ohnehin noch locker fürs Denkmalsplatzbesäufnis einer kompletten Schulklasse gereicht. Außerdem hatte Jörg mir zuliebe seinen eigenen Wagen stehen lassen. Die Radfahrt durch den friesisch frischen Morgen zerstäubte den Alkoholnebel und den Ärger. Zum Termin kam ich auch nur zehn Minuten zu spät.

Als ich am späten Nachmittag nach Hause kam, stand mein treuer Volvo auch wirklich vor dem Haus, allerdings war von Jörg nichts zu sehen. Der Autoschlüssel steckte nicht im Zündschloss, lag aber auch nicht im Briefkasten, was mich überraschte. Noch mehr überraschte es mich, beim Betreten der Wohnung den Fernseher zu hören. Fenna?

Jörg schaltete den Kasten sofort aus und erhob sich aus meinem Sessel, als ich ins Wohnzimmer kam.

»Hallo, Sportsfreund! Na, wieder fit?« Er strahlte mich rosig an. »Ich wollte dir doch deinen Wagen zurückbrngen. Prima Karre – für einen Schweden jedenfalls.«

»Wie kommst du hier rein?«, fragte ich lahm.

Jörg lachte fröhlich. »Der Hausschlüssel war doch am Bund! Im Auto wollte ich nicht warten, wusste ja nicht, wann du kommst. Nachher glauben deine Nachbarn noch, du würdest vom Verfassungsschutz beschattet.«

Das leuchtete mir ein.

»Und, geht's dir besser?« Er wartete die Antwort gar nicht ab, sondern plapperte eifrig weiter. »Wird Zeit, dass du auf andere Gedanken kommst, Sportsfreund. Pass mal auf, wir zwei machen uns einen richtig schönen Abend. Mal schauen, was wir so an Land ziehen.«

Auf nichts hatte ich weniger Lust als auf eine neue Sauftour mit Jörg. Der gestrige Abend steckte mir noch in Knochen und im Magen. Aber Jörg legte mir kameradschaftlich den Arm um die Schulter und strahlte so begeistert, dass ich es nicht übers Herz brachte, ihn an die Luft zu setzen.

»Aber nicht zu lange, war ein harter Tag«, baute ich vor und Jörg nickte verständnisvoll. Während ich duschte und mich umzog, hörte ich ihn in der Küche rumoren. Na ja, mein Kühlschrank barg keine Geheimnisse und sein Inhalt reichte auch noch für ein Jörgabendbrot.

»Ach ja, mit dieser Vase … Das tut mir leid, muss ich heute Nacht mit dem Rucksack runtergefegt haben«, rief er mir über den Flur zu. »Na, war ja sowieso nur Weiberkram.«

Vase? Ich erinnerte mich an die Scherbe und an die wunderbare Muranovase, die Fenna und ich letztes Jahr im Urlaub gefunden hatten. Egal, das Kapitel Fenna war abgeschlossen.

Ich griff nach meinem Autoschlüssel, aber Jörg war flinker.

»Du weißt doch gar nicht, wo wir hinwollen!« Achselzuckend ließ ich ihn aufschließen. Beim Einsteigen fiel mir als Erstes der süßliche Geruch auf. Jörg hatte doch nicht etwa den Tag für einen Einkaufsbummel in Groninger Coffeeshops genutzt? Mit meinem Wagen? Zu meiner Überraschung fuhr er nicht duch die Rymeerstraße Richtung Stadtmitte, sondern bog in die Heisfelder Straße ein, stoppte aber schon nach ein paar hundert Metern.

»Muss mich noch um die Mädchen kümmern«, verkündete er geheimnisvoll und verschwand in der einsetzenden Dämmerung. Das klang interessant und mein Gewissen meldete sich nur kurz. Schließlich hatte Fenna mich sitzenlassen, ich war ihr keine Rechenschaft schuldig. Als Jörg kurz darauf alleine zurückkam, mir seinen Rucksack vor die Füße stellte und sich ans Steuer setzte, spürte ich sogar einen Stich der Enttäuschung.

»Keine Mädchen heute?«

»Was glaubst denn du!« Jörg hatte sich schon wieder in den Feierabendverkehr eingefädelt. »Mach mal auf.« Er deute mit dem behaarten, rosigen Zeigefinger auf den Rucksack. »Sind doch echt knackig, oder?«

Mit ungläubigem Entsetzen starrte ich auf den durchsichtigen Plastikbecher. Der Inhalt befand sich in ständiger Bewegung. Jedes einzelne Element des leuchtend orangefarbenen Gewimmels zuckte und wand sich aufgeregt in seinen Ringsegmenten. Meine Güte, das mussten Hunderte, ach was: Tausende von Fliegenmaden sein. Appetitlich eingefärbt wie Seelachsschnitzel, eingetuppert wie gepulter Nordseegranat. Ich schauderte. Wer war Jörg? Was war Jörg?

Ich kam bald dahinter, während wir stadtauswärts über die Ledabrücke und weiter in Richtung Rhauderfehn fuhren. Angeln, schwärmte Jörg, sei für einen Mann die einzig senkrechte Freizeitbeschäftigung. Natur, Ruhe, Frieden. Ich sehnte mich nach Ruhe und Frieden, meinethalben auch in der Natur, während Jörg munter wechselte zwischen Stippruten (mindestens sieben Meter), Rotfedern und Brassen, verständnislosen Weibern, Posen und 0,14er Monofilschnur, verständnislosen Weibern, Köderfischen, kapitalen Lederkarpfen, verständnislosen Weibern und achtzehner Haken.

Nun ist Neugier in meinem Beruf geradezu Einstellungsvoraussetzung und ich schickte mich darein, etwas völlig Unbekanntes kennen zu lernen. Vielleicht fing der Weltmeister der langen Rute sogar einen Zander. Fenna konnte ein wunderbares Zanderfilet mit Rieslinghollandaise zubereiten ...

An einem matschigen Tümpel irgendwo in der Pampa lud Jörg aus dem Kofferraum meines Wagens ein langes Futteral, haute mit einer kniehohen Alukiste eine zehn Zentimeter lange Schramme in den nachtblauen Lack, brachte einen Klappstuhl und schließlich einen klebrigen Farbeimer zum Vorschein, den ich mühelos als Quelle des süßen Geruchs entlarvte. Dann fing Jörg an zu schrauben und zu stecken, wobei die Rutenspitze mein rechtes Auge knapp verfehlte. Vorfach, Blei, Rolle, ein Plastikstäbchen mit fluoreszierender Spitze. Den achtzehner Haken aus dem Daumen ziehen, fluchen, einen zwanziger Haken anknüppern. Ich staunte. Angeln war ja richtige Arbeit.

Schließlich bohrte Jörg einen gegabelten Halter in den Matsch, legte die Rute darauf und öffnete den Eimer.

»So, jetzt was Feines!«. Der Vanilleduft war betäubend. »Das lieben sie! Maismehl, Paniermehl, zwei Esslöffel Puderzucker und ordentlich Backaroma.« Mit beiden Händen langte Jörg in den Kuchenteig und knetete. »Hoppla, beinahe hätte ich das Wichtigste vergessen.« Mit klebrigen Fingern öffnete er den Rucksack, holte den Plastikbecher heraus und schüttete eine satte Handvoll der kringelnden, wimmelnden Maden in die Pampe, die er dann mit erstaunlichem Geschick zu tennisballgroßen Klößen formte.

»Ohne Futterteppich ist tote Hose«, erklärte er fachmännisch und schleuderte die Madenbouletten in hohem Bogen über den See, wo sie mit leisem Platschen versanken. Dann hob er die Angel wieder auf und fummelte eine zappelnde orange Made auf den Haken, holte aus, nestelte die Schnur aus den Zweigen einer Weide, traf mit neuem Schwung ungefähr die Stelle, an der sein Futterteppich sich auf dem schlammigen Seegrund ausbreitete. Endlich hockte er sich auf den gepolsterten Deckel seines Alukoffers.

Ich muss sagen, Angeln hat auch gute Seiten. Jörg hielt die Klappe, zischte nur leise, wenn ich auf dem knarrenden Klappstuhl mein Gewicht verlagerte. Als nach einer Weile das grüne Glimmen der Leuchtpose verschwand, erwachte er wieder zum Leben. Aufstehen, kurzer Ruck nach oben, hastiges Kurbeln an der Rolle, Angel mit rechts hoch, mit links ein grünes Netz unter den Fisch.

»Siehste, Sportsfreund: An meinen Mädchen kommt keine Silberschuppe vorbei!«

Ein kapitaler Lederkarpfen war das zappelnde Silberding bestimmt nich, aber Jörg machte ihm dennoch gleich den Garaus, indem er ihm das spitze Messer, das er aus einer Scheide am Gürtel gezogen hatte, beherzt durch die Wirbelsäule trieb.

Im Teigeimer sammelten sich blutige, schleimige Leichen, mich fröstelte in meiner Herrenabendausgehlederjacke, doch es war weit nach Mitternacht, als Jörg mir im Flur mein fischig riechendes Schlüsselbund in die Hand drückte, den Fischeimer ins Badezimmer stellte und mit seinem Rucksack in der Küche verschwand.

»Du brauchst mich nicht nach Hause zu fahren, ich habe alles dabei«, sagte er großmütig, als er mit zwei Bierflaschen ins Wohnzimmer kam und sich mit seiner schleimverschmierten Hose in meinen Sessel fallen ließ.

*

Der Sonntagmorgen begann nicht besser, als der Samstag geendet hatte. Jörg tappte zerzaust und in Unterhose in die Küche, als ich mir gerade ein Glas Orangensaft eingoss.

»Brauchst für mich kein Glas schmutzig zu machen, Sportsfreund.« Er nahm mir die Safttüte aus der Hand, legte den Kopf in den Nacken und trank in langen Zügen direkt aus dem Tetrapack.

»Gute Sorte«, sagte er anerkennend. »Sogar mit Fruchtstückchen.« Er schmatzte mit Kennermiene. Ich kaufte immer die einfachste Sorte ohne Fruchtfleisch. Verwirrt öffnete ich den Kühlschrank. Auf dem unteren Gitter lag ein durchsichtiger Plastikdeckel, auf der Glasplatte darunter wanden sich die Überlebenden aus Jörgs Mädchengruppe. Ein paar Wagemutige sondierten die Leberwurst und eine naschte am Camembert.

Während ich würgend über der Klosettschüssel hing, hörte ich das Telefon, aber es trällerte nur zweimal. Einigermaßen gefasst kehrte ich zu Jörg zurück, der sich gerade ein Brot mit Leberwurst bestrich und mich unternehmungslustig anstrahlte. Die Maden hatte er am Tellerrand abgestrichen.

»Und, wo fahren wir heute hin? Der Himmel ist schön bedeckt, ideal für Karpfen, vielleicht regnet es sogar noch. Ich versuche heute mal Teig mit Sahnekäse. Oder Salami, das mögen sie auch.«

»Wer war am Telefon?«

»Nichts Wichtiges, nur so eine Frau, die dich sprechen wollte. Gerda oder Meta. Nein, halt: Fenna. Ich hab gesagt, du hättest heute schon was vor.«

Ich atmete tief durch, dann sagte ich: »Also gut, bereite schon mal alles vor. Heute fahre ich. Ich kenne ein schönes Plätzchen. Ganz idyllisch, da stört uns keiner.« Jörg war glücklich, das sah ich ihm an.

Außer im Hochsommer ist es in Ostfriesland ohnehin überall einsam, aber so idyllisch wie dieser verschwiegene Winkel draußen zwischen Norden und dem Nichts ist kaum ein Platz, zumindest bei Nieselregen am Sonntagmorgen. Baumgesäumte Ufer, Reit und Frösche, ein Paradies für Hecht und Zander, Karpfen und Wels, Zehn Meter tief und moorig. Leider sind die Kanten etwas glitschig, man muss schon sehr achtgeben, dass man nicht ausrutscht. Jörg schaffte es beinahe. Doch dann hatte er einen kapitalen Burschen an der 0,18er Leine, der zog und drillte, dass Jörg vor Eifer glatt meinen Fuß übersah und ins Stolpern kam. Hätte er doch bloß das spitze Messer gut weggelegt!

Noch auf der Heimfahrt im Auto wählte ich Fennas Nummer, vielleicht hatte sie noch Lust aufs Gäulewetthoppeln.

Schade eigentlich, dass wir nicht angeln. Ich weiß eine Stelle, an der es bald besonders viele knackige Mädchen gibt.

GLATZENKEGEL

Auf dem spitzen Glatzenkegel des Fahrers perlte Schweiß, und das lag sicher nicht nur an der Hitze in dem Auto, das Tim Neels kontrollierte. So nah an der Grenze zu Holland Grenze blühte der Handel mit Hanf und anderen Drogen, auch wenn Touristen in niederländischen Coffeeshops offiziell gar nicht mehr bedient werden durften.

Neels schnupperte – kein Gras, aber es roch pilzig. »Kofferraum auf«, befahl er barsch.

Der glatzköpfige Fahrer gehorchte mit sichtbarem Zögern.

»Aha! Wusst' ich's doch!« Triumphierend zog der Polizist ein Tuch von einem Korb. »Was haben wir hier? Halluzinogene Pilze? Spitzkegelige Kahlköpfe? Das wird teuer.«

»Aber nein«, stammelte der Kahlkopf und schüttelte nachdrücklich seinen Spitzkegel. »Das sind doch nur Birkenpilze, Champignons und …« Er stockte, als der Polizist lächelte und tadelnd mit dem Zeigefinger wackelte.

»Sag ich doch: Wird teuer. In Holland ist das Pilzesammeln verboten. Sagen Sie ja nicht, dass Sie das nicht wussten!« Neels griff nach dem Korb. »Die sind konfisziert.«

Als das Auto außer Sicht war, zückte Neels sein Handy. »Hallo, Mausi. Gute Nachrichten: Heute Abend gibt es Pilzpfanne!«

WEIHNACHTSINSEL

Sicher, die Möwen schrien und der Wind hatte ein dezentes Tangparfum aufgelegt. Kalt war er auch, so kalt, wie man es an einem Winterabend kurz vor Weihnachten erwarten durfte. Trotzdem war Roman Sturm nicht zufrieden, als er, die klammen Hände in den Jackentaschen vergraben, durch das dunkle Dorf ging. Nicht mit dem Wind, nicht mit der Gesamtsituation, nicht mit seiner Entscheidung, zu diesem Adventswochenende auf Juist mitzufahren. Je näher sie dem Kurplatz kamen, desto finsterer wurde Romans Miene. Der Geruch des Windes war hier anders als auf der Seeseite der Insel, und das lag nicht am nahen Watt. Süßlich-caramelig wehte er ihnen entgegen, noch ehe sie das große Rondell erreicht hatten. Nelken und Sternanis quirlten in den kleinen Windwirbeln, die zwischen den Holzbuden rund um den Schiffchenteich Verstecken spielten. Bratwurst und Knoblauchsauce schlierten sich dazwischen und erinnerten Roman daran, warum sie den Schutz ihrer kleinen Ferienwohnung verlassen hatten. Der Hunger, der sich mit Lebkuchenherzen und Marzipanstollen nicht dauerhaft stillen konnte, hatte sie zur Nahrungssuche ins Dorf getrieben..

»Willkommen! Willkommen auf der Weihnachtsinsel!« Der Weihnachtsmann stürmte auf sie zu, schwang in der linken Hand unheilverkündend eine riesige Messingglocke.

Lükka Tammling zuckte zurück, als hätte ihr der Kerl im roten Mantel die Bimmel ins Gesicht geschlagen, Roman wich seitlich aus und rammte mit der Schulter die riesige hölzerne Weihnachtspyramide, die den Kurplatz überragte wie ein Bohrturm die Prärie.

»Inselwinter, hah! Ruhe und Frieden, soso!« Roman musste die Stimme erheben, denn rechts von ihm verkündete die Kurmuschel gerade: »Sankt Niklas war ein Seemann!«

Der Weihnachtsmann wollte schon weiter, denn am Rand des Schiffchenteichs krabbelten ein paar Kinder im Vorschulalter, doch er stoppte noch im Anlauf ab. »Sagt doch mal ehrlich: Ist das nicht einfach großartig?«, muffelte er durch die Kunstwatte und haute Dirk Baukloh die freie Rechte auf die Schulter. »Kommt mal eben da mit rüber, ich geb euch einen Glühwein aus.« Er zog Dixi um den gedrechselten Holzpfeiler, auf den süß duftenden Ausschank in der Pyramide zu, die anderen folgten. »Wo hab ich denn ... Halt mal eben!« Er drückte Lükka die Glocke in die Hand und zog die Handschuhe aus, um in den Taschen seines roten Mantels zu graben, während Dirk

84

Baukloh verlegen etwas murmelte, was wie »unser Vermieter« klang.

»Hier liegen die Schiffe von nah und von weit, denn auch hier im Hafen ist Weihnachtszeit«, behauptete der Shantychor in der Kurmuschel.

»Was ist hier eigentlich los?«, fragte Roman. »Da kommt man schon extra im Winter auf die Insel, weil ab September Schluss ist mit den Kurkonzerten und dem ganzen Brimborium, und dann so was!«

Der Weihnachtsmann guckte beleidigt. »Unser Inselweihnachtszauber ist das. Der stimmungsvollste Weihnachtsmarkt aller ostfriesischen Inseln, der allererste Juister Weihnachtsmarkt, die einzigartige Töwerwiehnacht! Deswegen seid ihr doch hier, oder etwa nicht?«

Wären böse Blicke Brötchen, dann hätte Dirk Baukloh sich keine Sorgen mehr ums Abendessen machen müssen.

Was hatte er seinen Kollegen aber auch alles vorgeschwärmt! Ein Wochenende nichts als Ruhe, Wind, endlose Strandspaziergänge. Keine fassadenkletternde Nikoläuse - aus Plastik oder nicht. Keine zugedröhnten Schläger auf den Damenklos von Innenstadtkneipen. Kein White Christmas im Nieselregen. Keine Besoffenen, die auf dem Heimweg von der Weihnachtsfeier mal eben eine Passantin auf ein unbeleuchtetes Gründstück zerrten. Statt dessen rücklings in den Dünensand fallen wie in der Bierwerbung.

Lükka hatte fast sofort angebissen und auch Roman hatte angefangen, sich auf die Inselwintertage zu freuen. Ein bisschen Ruhe konnten sie alle gut gebrauchen; die letzten Wochen waren für das 1. Fachkommissariat der Leeraner Kriminalpolizei nicht sehr beschaulich gewesen und Dirk Bauklohs Branche boomte ohnehin seit Jahren, denn von Leer konnte man beinahe nach Holland rüberspucken. Entsprechend florierte der grenzüberschreitende Handel mit Pillen und Pülverchen. Außerdem war das 2. FK nicht nur für Verstöße gegen das Betäubungsmittelgesetz zuständig, sondern auch für Eigentumsdelikte, und die reichten vom Fahrraddiebstahl bis zum Banküberfall.

Der Weihnachtsmann reichte die Glühweintassen weiter. »So eine Riesenattraktion hat sonst keiner«, prahlte er und die wasserhellen Augen hinter der rotrandigen Brille funkelten. »Die Pyramide ist wirklich einzigartig in Ostfriesland, ach, was sag ich: in ganz Norddeutschland.«

»Das hab ich doch schon mal gehört.«, meinte Roman. 110 000 Euro hatten verschiedene Sponsoren zu Hause in Leer springen lassen für eine fünfstöckige Weihnachtspyramide aus dem Erzgebirge, komplett mit Engelchen, Schaukelpferdchen, Schneemann, Bergmannskapelle und Kurrendesängern, auch wenn von denen in Ostfriesland noch nie jemand etwas gehört hatte. Schweineteuer, na gut, aber »dafür haben wir dann aber auch alljährlich für die nächsten fünfzehn Jahre eine Attraktion, die es ansonsten im gesamten norddeutschen Raum nicht noch einmal gibt«, hatten die Kaufleute gejubelt und sich gemeinsam mit den Zeitungen den ganzen Herbst über auf den großen Tag gefreut, an dem in der Hafenstadt Leer, Deutschlands zweitgrößtem Reedereistandort, ganz stilecht das einzigartige Erzgebirgsteil anfangen sollte, sich zu drehen. Schade eigentlich, dass schon drei Tage später auch Aurich den Bau einer Weihnachtspyramide verkündet hatte. Aber wenigstens war die nur elf Meter hoch statt gut dreizehn.

Das hatte die Nachbarstadt aber mit dem Bau eines zweiunddreißig Meter hohen Riesenrades ausgeglichen und damit das Rennen um die Gunst der Fernsehteams klar für sich entschieden. Dass plötzlich Celle aus der Deckung sprang und mit seiner Pyramide noch achtzig Zentimeter mehr bot, einte die Ostfriesen vorübergehend, schließlich hatte dieses Monsterteil ein ostfriesischer Betrieb gebaut. Und fürs kommende Jahr hatten die Leeraner schon neue Überraschungen versprochen.

Und jetzt hatte das weihnachtliche Wettrüsten also auch auf Juist übergegriffen. Der Weihnachtsmann persönlich hatte Juist die Zukunft gebracht, wie er bei dritten Glühwein stolz verkündete. Die Kinder vom Schiffchenteich lagen längst in den Betten ihrer Pensionszimmer, mit schokoladenverschmierten Mündern und Pfefferkuchenresten zwischen den Zähnen vermutlich, denn der Weihnachtsmann, der den größten Teil des Jahres als Wilfried Eberhard Versicherungen verkaufte und seit seinem Umzug auf die Insel die Geschicke des Handels- und Gewerbevereins lenkte, hatte ihnen seinen gut gefüllten Sack irgendwann auf den Beckenrand gestellt, um sich ungestört mit seinem alten Kumpel und dessen Kollegen zu unterhalten. Schließlich war der Markt auf dem Kurplatz nur der Anfang, in den nächsten Jahren sollte die Töwerwiehnacht noch viel festlicher werden mit Mitternachtsshopping an jedem Adventssamstag und dem echten Nürnberger Christkindl. Die Vorfreude malte ihm rote Flecken auf die Wangen. Vielleicht war's aber auch nur die Feuerzangenbowle. Und das Spezialangebot sei schon fast in trockenen Tüchern, denn – er beugte sich verschwörerisch vor, um es Lükka ins Ohr zu raunen – so teuer sei das gar nicht, ein Gespann Rentiere für Inselrundfahrten zu mieten.

Man konnte ja gegen Weihnachtsmärkte eine Menge haben und Roman hatte das auch, aber satt wurde man wenigstens. Das letzte Paar Bratwürste und einen großen Becher Glühwein für jeden hatten sie mit an den Strand genommen und andächtig im Schutz des Dünengürtels verzehrt. Die Nordseite der Insel entschädigte beinahe für alles Bisherige. Die Brandung übertönte alles und spülte die Erinnerung an den unbarmherzigen Shantychor ebenso fort wie an die Thüringer Holzkunst auf der schönsten Sandbank der Welt.

Der Wind döste, wenn er auch nicht ganz einschlief, das tat er an der Nordsee eigentlich nie. Die schaumigen Kämme der Wellen leuchteten cremeweiß, See und Himmel begannen milchig ineinander zu fließen.

Ewig so liegen bleiben, das wär's doch, dachte Roman und zwang sich aufzustehen, als er merkte, dass ihm der Glühwein die Körperwärme aus den Poren trieb. So ewig sollte es auch wieder nicht sein.

»Warum machen die das bloß?«, fragte Lükka Tammling schläfrig, als Roman ihr die Hand reichte, um sie aus dem kalten Sand hochzuziehen, der im Frost schon fest wurde, wo ihn die Körper nicht schützten. »Da haben die so eine tolle Insel und machen sie selbst kaputt, nur weil sie unbedingt so sein wollen wie alle anderen.«

»Ich glaube schon, dass Juist damit fertig wird«, behauptete Dixi. »Ist wie mit der Natur, die schafft das doch auch immer wieder. Heute baust du ein riesige Sandburg an den Strand und morgen ist nichts mehr davon übrig.«

Das Dorf war nicht zu sehen, als sie durch das Dünenschart traten und auch das Meer war verschwunden, verschluckt vom Winternebel. Im Licht der wenigen Laternen, die den Pfad zum Ort beleuchteten, begann das rote Pflaster unter ihre Füßen zu glitzern. Selbst der Weihnachtsmarkt lag jetzt im Dunkeln.

Sie konnten zusehen, wie der Raureif die Insel überzog, als der Nebel sich über die endlich schweigende Insel breitete. Unzählige winzige Kristalle überzogen die Sitzbänke, die das Rund des Kurplatzes säumten, funkelten wie winzige Sterne auf den Brillengläsern des Weihnachtsmannes, der neben dem gemauerten Rand des Schiffchenteichs lag, und überhauchten die dunkle Lache, die sich unter seinem Kopf gebildet hatte.

»Du hast recht«, sagte Roman Sturm zu Dixi, der bereits die Nummer des Inselarztes in sein Handy tippte. »Die Insel wird mit allem fertig.«

MARIAS SÖHNE

Endlich geschafft. Nur noch den Overall in den Spind hängen, die Sicherheitsschuhe unten reinstellen. Die letzten Arbeitstage vor Weihnachten ziehen sich immer besonders, aber das metallische Schnappen des Schlosses klingt schon nach Freiheit. Jetzt noch den Staplerschlüssel an den Haken und ab nach Hause zu den Kindern. Ein Blick zur Uhr: Der Supermarkt in Leer hat noch geöffnet, am besten gleich die Pinkel kaufen, bis zum zweiten Feiertag halten die sich. Die Rauchenden sowieso.

Ach ja, noch das Netz aus den Haaren. Die Bürste ist im Spind eingeschlossen, also mit allen zehn Fingern durchkämmen und aufschütteln. Die Sicherheitsvorschriften sind streng: entweder kurze Haare oder zusammenbinden. Klar, man bleibt zu leicht irgendwo hängen. Betrifft ja auch nicht nur die wenigen Frauen, die hier arbeiten, auch Männer tragen heutzutage wieder lange Haare, Lennart zum Beispiel. Vielleicht findet der Junge deswegen keinen vernünftigen Job auf Dauer, Arbeitgeber können ziemlich altmodisch sein.

Lächeln, winken, euch auch frohe Feiertage. Ist ja noch ein bisschen Zeit bis dahin, ein paar Doppelschichten sind letztlich kein zu hoher Preis für ein paar freie Tage zu Hause bei den Jungs. Zum Glück sind sie nicht mehr so klein, das war früher schwieriger, Beruf und Kinder unter einen Hut zu bringen, wenn man keine Oma zum Aufpassen hat. Lennart hat seine Großmütter gar nicht richtig kennengelernt. Als die Ehe mit Markus zerbrach, war er ja noch so klein, gerade mal fünf. Vielleicht hätten Markus' Eltern sich trotzdem um ihren Enkel gekümmert, aber wie hätte das ausgesehen. Besser alleine klarkommen.

Schon richtig dunkel, das ist das Üble am Winter. Morgens im Dunkeln zur Schicht fahren, und Feierabend ist auch erst wieder nach Sonnenuntergang. Aber wenigstens ist es zu Hause gemütlich. Der Adventskranz ist selbstgemacht, mit echten Kerzen, und in jedem Fenster leuchten Lichterketten und Schwibbögen. Das Haus wirkt viel anheimelnder und freundlicher als damals in der Kindheit.

Es war seltsam, dorthin zurückzukehren nach all den Jahren. Ist wohl für jedes Kind so, wenn es das Elternhaus erbt. Aber wenn man mit sechzehn das letzte Mal durch die Tür gegangen ist mit einem kleinen Koffer und ein paar Pappkartons und dann nach Jahrzehnten den Schlüssel vom Notar bekommt und nichts hat sich wirklich verändert, dann fühlt man sich mit neununddreißig wieder wie das kleine Mädchen und wartet dauernd darauf, dass einer schimpft, wenn man die Türen zu laut knallt. So ganz ist dieses Gefühl auch nach zehn Jahren noch nicht weg. Die Kollegen haben damals gesagt: verkaufen und woanders neu anfangen, aber für den Preis, den das Haus gebracht hätte, wäre nichts Vernünftiges zu haben gewesen. Ist ja schließlich außer der Lebensversicherung alles, was Lennart später mal erbt. Und der Junge hätte seine Schule und die Freunde aufgeben müssen, das ist schwer mit fünfzehn. Nicht leichter als mit sechzehn. Stefan wäre ja schon erwachsen gewesen, schon zweiundzwanzig. Dieses Weihnachten wäre er zweiunddreißig. Bestimmt hätte er seine Ausbildung abgeschlossen, vielleicht hätte er schon geheiratet. Aber die Chance hatte er ja nicht. Mit siebzehn bekommt man keine Kinder.

Vielleicht, wenn die Mutter den Telefonhörer nicht wortlos aufgelegt hätte. Oder wenn Schwester Innozenzia in der Schule nicht so viel von Sünde und gefallenen Mädchen geredet hätte. Oder wenn Volker nicht alleine fortgegangen wäre in jenem Sommer, als er erfahren hatte, dass er Vater wurde.

Schon wieder Frost, auch wenn es gar nicht danach aussieht. Die Scheibenwischer ziehen schlierige Halbkreise auf die Windschutzscheibe.

Wahrscheinlich ist es schon glatt auf den Nebenstraßen. Trotzdem noch den Umweg zum Einkaufen. Die Kinder warten aufs Abendessen.

Wenigstens Lennart ist zu Hause, er bekommt all die Liebe, die Stefan nie erhalten hat. Obwohl das so nicht stimmt. Zwar hat er nie Geburtstag gefeiert und nicht einmal ein Grab bekommen. Das tut noch immer weh, dass ihn keiner als Kind sehen wollte, sondern nur als Fötus, der nach dem Abbruch mit dem Krankenhausmüll entsorgt wurde. Aber im Herzen, da hat er seinen Platz genau wie sein Bruder, der ihn nie kennengelernt hat und nichts von ihm weiß.

Viel zu heiß ist es im Auto, Fenster auf und durchlüften. Die Winterluft tut gut. Gleich fängt das Zähneklappern wieder an, seit einem halben Jahr geht das so, unerträglich.

Auf dem Supermarktparkplatz erst mal den Schweiß von der Stirn wischen und mit dem Kamm aus dem Handschuhfach die Haare ordnen, wie sieht das sonst aus.

Im Eilschritt durch die Regalreihen. Da vorne an der Kasse sieht es ganz gut aus, der große Ansturm kommt wohl erst noch. Halt, noch mal zurück zu den Getränken. Lennart will ja morgen mit Freunden feiern und braucht noch ein paar

Flaschen Wodka und Korn. Eine Kiste Cola unten rein. Am besten noch Chips dazu und Salzstangen, dann freut er sich.

So, aber jetzt. Für die paar Sachen eine ganz schön hohe Rechnung.

Die Scheibe ist jetzt völlig zugefroren, zum Glück geht das Schloss auf. Mit klammen Fingern ein Guckloch kratzen. Die Handschuhe liegen natürlich zu Hause in der Kommode. Der alte Eiskratzer ist zu klein und zu stumpf, aber den neuen brauchte Lennart heute wohl in seinem Auto, sonst hätte er ihn sich bestimmt nicht aus dem Wagen geholt.

Nur noch ein paar Ecken, dann ist die elende Fahrerei erst mal überstanden. Vielleicht hat Lennart heute Tee gemacht, er weiß ja, wann Feierabend ist und dass jetzt der Urlaub anfängt. Da vorne blinzeln schon die Fenster. Nein, das ist das Haus von Janssens. Die haben dieses Jahr den halben Baumarkt leergekauft. Scheußlich, dieser bläuliche Lichtschlauch am Giebel, sieht gar nicht festlich aus, nur billig. Aber diese leuchtenden Eiskristalle entlang der düsteren Eibenhecke neben dem Weg vom Gartentor zum Eingang – die sind hübsch. Mal sehen, vielleicht nächstes Jahr. So, hier ist es aber. Blinker setzen, rauf auf die Auffahrt. Ach so, Lennarts Wagen steht auf dem Stellplatz und vor der Haustür ein anderer. Wer ist das?

Also zurücksetzen. Muss der Wagen heute Nacht eben an der Straße stehen. Nur dumm wegen der Einkaufskisten.

Ist doch ganz schön glatt geworden und jetzt schneit es auch noch ein bisschen. Wunderschön, gerade passend zu Weihnachten. Trotzdem nachher noch eben streuen, nicht, dass da noch einer hinfällt und es Ärger deswegen gibt.

Colakiste vor der Haustür abstellen, die große Klappbox mit dem Rest holen, draufstellen, aufschließen. Dunkel im Flur. Ist doch keiner zu Hause? Doch, natürlich, von oben ist Musik zu hören. Schön, dass das Haus jetzt so von Leben erfüllt ist, früher wäre das nicht möglich gewesen – Plattenhören nur in Zimmerlautstärke, bitte!

Licht anschalten. Auf dem Boden unter der Garderobe liegen eine Menge Schuhe. Hat also Besuch, der Junge. Deswegen kommt er nicht runter, um tragen zu helfen. Also selbst alles erst mal in die Küche stellen und dann mit einem Becher Tee aufs Sofa. Mensch, der Rücken!

Die Teekanne steht auf dem Stövchen, Licht ist aber aus. Nur ein kalter Rest in der Kanne. Dann halt nur einen Becher selbst aufgießen. Ostfriesenmischung oder Kräuter? Was Wärmendes vielleicht, Ingwer zum Beispiel. Oder lieber nicht, schwitzt man immer so von. Ah, hier, Rosmarin. Duftet gut, wirkt angeblich ausgleichend in den

Wechseljahren. Sind auch noch genug von den Nadeln in der Büchse, viel mehr als gedacht. Dann doch eine ganze Kanne aufbrühen. Schön, wenn man so was im eigenen Garten hat. Gartenarbeit ist sowieso ein guter Ausgleich, der fehlt jetzt im Winter, nichts lenkt so richtig vom Grübeln ab.

Das Wasser kocht, über die Blätter gießen, gleich breitet sich der herrlich würzige Geruch aus. Herb, ein bisschen harzig und doch erfrischend. Obwohl die Blätter wohl nicht richtig durchgetrocknet sind, womöglich fangen sie noch zu schimmeln an, ein leichter Geruch ist schon da. In den nächsten Tagen lieber noch mal nachtrocknen, wäre schade drum. Von allen Kräutern da draußen wohl das beste und vielseitigste und voller Symbolkraft. Zeichen für Liebe und ewiges Leben, aber auch eine Pflanze, die den Toten mit ins Grab gegeben wurde. Nicht so widersprüchlich, wie es auf den ersten Blick scheint. Würde sich als Friedhofs-bepflanzung viel besser eignen als Eibe. Sieht genauso aus, riecht aber wenigstens gut. Wenn es nur den Winter besser überstehen würde.

Einen Becher vollgießen, den Rest Wasser in die Kanne. Heute mal mit einem Löffel Honig süßen. Aber jetzt aufs Sofa. Der Rücken! Wohl die Kiste schief angehoben.

*

Wie? Was? – Ach du bist es, mein Junge. Ja, ich räume die Einkäufe gleich weg. Muss wohl eingeschlafen sein. – Nein, die Pinkel sind für den ersten Weihnachtstag. – Ich dachte immer, du magst Grünkohl. Haben wir doch immer an Weihnachten gegessen. – Warum hast du nie was gesagt?

Ich mache dir gleich Abendessen. – Ach so, ja, natürlich können deine Freunde mitessen, das ist doch selbstverständlich.

Der Tee ist schon fast kalt, schnell austrinken und einen frischen holen. Schmeckt wirklich ein bisschen muffig.

Diese Kinder, immer auf Achse. Und bei diesem Wetter noch ganz nach Ihrhove in die Disco? Ist doch viel zu gefährlich. Aber was will man machen. In dem Alter lassen sie sich ja doch alle nichts mehr vorschreiben.

Das Schneefegen und Streuen nach dem Abendessen war wirklich nötig, sonst wäre Lennart mit seinem Auto gar nicht von der Auffahrt gekommen, so glatt ist es. Aber er lässt sich eben nichts sagen mit seinen fünfundzwanzig Jahren. Und ein bisschen Entspannung muss ja auch sein.

Lennart hat ja immer so viel Stress, und dass er die Probezeit bei der neuen Lehrstelle schon wieder nicht überstanden hat, das macht ihn auch nervös. Sonst würde er seine Mutter nicht faule

Schlampe nennen, nur weil sein Lieblingshemd noch nicht gewaschen ist.

Es ist ja auch nicht so, als würde der Junge gar nichts im Haus machen. Die Teedose, die muss er heute aufgefüllt haben, vorgestern war der Rosmarin doch fast alle, ganz bestimmt. Deswegen sind die Blätter auch nicht richtig durchgetrocknet, aber das kann er ja nicht wissen. Ist doch ein lieber Junge, dass er das bei dem Wetter getan hat, wo er sich selbst gar nichts aus den Kräutern macht.

So richtig gut hat der Rosmarintee heute nicht gewirkt, obwohl die Kanne schon leer ist. Vielleicht noch eine neue aufbrühen? Lieber was anderes, Fenchel, Kümmel oder Kamille. Der Magen kneift und diese Übelkeit …

Wechseljahre – was für ein harmloser Ausdruck für das Ende eines Lebens als Frau. Tick – tack. All die Jahre die Hoffnung auf ein weiteres Kind nach Stefan und Lennart. Und dann: Schluss! Die Chance, etwas wiedergutzumachen, unwiderruflich vorbei. Da kann einem schon schwindlig werden, aber so schlimm wie heute war es lange nicht. Selbst das Atmen fällt schwer.

Wenigstens ist Lennart ein richtig lieber Junge. All die Jahre hat er so getan, als findet er die Gärtnerei lächerlich und hält diese ganzen Kräutertees für ausgemachten Blödsinn. Muss dabei aber doch besser aufgepasst haben als gedacht.

Manche von den Pflanzen sind gar nicht so leicht zu unterscheiden. Sollen sich schon Leute vergiftet haben, weil sie Rucola mit Jakobskreuzkraut verwechselt haben, und Rosmarin und Eibe sehen sich auch sehr ähnlich, wenn man nur die Blätter anschaut.

Lennart und seinen Freunden ein anständiges Abendessen zu kochen, war doch das Mindeste. Auch wenn es nur eine einfache Tomatensauce mit Nudeln war. Eine ordentliche Handvoll Kräuter aus dem eigenen Garten, Basilikum, Rosmarin, Oregano und Thymian, dann schmeckt das so gut wie beim Italiener.

Eben noch ein bisschen hinlegen, dann vergeht die Übelkeit gleich. Gerade noch geschwitzt, jetzt sind die Hände und Füße wieder so kalt.

Ist das das Telefon draußen im Flur? Um diese Zeit, mitten in der Nacht – manche Leute kennen auch keine Höflichkeit. Da ruft man doch keinen mehr an.

Viel zu müde zum Aufstehen.

Das Klingeln ist so laut. Warum sagt man eigentlich immer noch Klingeln, heute klingelt doch kein Telefon mehr.

Zum Glück steht das Sofa dicht an der Wohnzimmertür. Zum Aufstehen reicht die Energie nicht. Aber die Tür mit dem Fuß zuschieben, das geht. Das metallische Schnappen des Schlosses klingt nach Freiheit.

ZAHLTAG

Zwei Jahre lang war es gutgegangen. Fast zwei Jahre. Fast gut. Abgesehen von gelegentlichen Flashbacks, die sie zitternd in der Ecke sitzen ließen, hatte sie es gut geschafft, das Geschehene zu verdrängen. Wer sie im Alltag erlebte, ahnte nichts von der Angst, die als graudunkler Schemen in einem finsteren Winkel an der Wand ihres Bewusstseins lehnte und geduldig darauf wartete, im Dunkel der Nacht Alpträume heraufzubeschwören, aus denen sie schweißüberströmt und nach Luft ringend aufschreckte und mit pochendem Herzen versuchte, Hände und Füße zu bewegen und das Bild des Maskierten zu verbannen.

Sie zog den langen, waldgrünen Kabelbinder am rechten Handgelenk fester und prüfte gewissenhaft den Sitz der breiten Gurte, die seine Fußgelenke und Oberschenkel fixierten und um seinen Leib gezurrt waren.

Der Mann stöhnte leise, sie meinte, den warmen Lufthauch aus seinen Nasenlöchern zu spüren. Bald würde er aus der Bewusstlosigkeit erwachen. Seine geschlossenen Lider begannen bereits zu flattern.

Sie fühlte Erleichterung in sich aufsteigen und

zwang mit einem tiefen Atemzug ihre zitternden Hände zur Ruhe.

Es wäre zu schade gewesen, wenn sie vorhin mit der schweren Stabtaschenlampe zu fest zugeschlagen hätte und er nicht rechtzeitig erwacht wäre, um sein Ende mit allen Sinnen zu erleben. Sie hatte keine Angst, dass er schreien und um Hilfe rufen könnte. Der breite Streifen des silbernen Klebebandes verschloss seinen Mund zuverlässig.

Als sie wieder auf das Gesicht des Mannes blickte, sah sie direkt in seine grauen Augen. Ärger war darin zu lesen und Verwirrung.

Ihn aufzuspüren, war nicht allzu schwer gewesen. er lebte in derselben Stadt wie sie. Wenn sie gewollt hätte, hätte sie jeden Tag am Ort ihrer Qual vorbeigehen können. Manchmal ließ es sich nicht vermeiden, schließlich hatte er sie nicht in ein finsteres Kellerverlies am Stadtrand verschleppt, um sie zu foltern. Das Gebäude lag mitten in der Stadt, der Raum war hell gewesen, luftig, freundlich beinahe. Jedenfalls nicht unmittelbar furchteinflößend. Nüchtern allenfalls. So nüchtern und leidenschaftslos wie der Mann.

Sie hob die linke Hand, die sich im Vinylhandschuh kalt und klamm anfühlte, und legte sie an die Außenseite ihres Halses. Mühsam schluckte sie, fühlte ihre verkrampften Kiefer und die Halsmuskeln arbeiten. Ihre Zunge lag als riesiger, fremder Klumpen in ihrem Mund und sie presste die Zungenspitze fest gegen die Innenseite ihrer Schneidezähne, um ihr Halt zu geben. Ihr Pulsschlag beschleunigte sich und Übelkeit stieg aus dem Magen auf, als der Geruch des Handschuhes in ihre Nase stieg. Sie hasste den Gestank, aber sie hatte nicht auf die Handschuhe verzichten wollen, auch wenn Fingerabdrücke vermutlich kein Problem mehr darstellen würden, wenn sie mit ihrer Arbeit heute Abend fertig war.

Der Mann ruckte an den Packgurten und Kabelbindern, bäumte sich auf und versuchte den Kopf zu drehen, den das breite Klebeband an den Leiterholmen fixierte. Die Wut in seinen Augen wurde jetzt durch einen Schleier von Angst überschattet.

Auch wenn keine Gefahr bestand, dass er sich von seinen Fesseln befreite, war sie unzufrieden. Mehr noch: Enttäuschung stieg gallebitter in ihr auf. Er hatte immer noch zu viel Bewegungsfreiheit. Er konnte gegen die Fesseln aufbegehren, daran reißen, sich gegen sein Schicksal stemmen, auf wenn es vergebens war.

Sie selbst hatte das nicht gekonnt. Die völlige Hilflosigkeit war es, die absolute körperliche Unfähigkeit, auch nur einen Muskel zu bewegen, die ihren Alptraum ausmachte. Genau das sollte er erleben.

Oft hatte sie in den vergangenen Wochen darüber nachgegrübelt, wie sie ihm dasselbe Grauen verschaffen könnte, dass er ihr bereitet hatte.

Ein Bett aus nassem, schwerem Sand wäre perfekt gewesen. Sand, der seine Arme und Beine umschloss, jedes Fingerglied und jeden einzelnen Zeh. Der als Zentnerlast seinen Brustkorb zusammenpresste und ihn daran hinderte, seine Lungen mit Luft zu füllen.

Auch eine Lawine hätte ihren Plan perfekt erfüllt. Die scheinbar weiche, nachgiebige Masse, die bei jeder Bewegung nachgab, die feinen, weißen Kristalle, die jede entstehende Lücke gnadenlos mit sanftem, pulvrigem Rieseln auffüllte.

In der ersten Zeit nach diesem Tag im August hatte sie sich häufig ausgemalt, ihm gegenüberzustehen, ihn zur Rechenschaft zu ziehen und ihm ihre Wut ins Gesicht zu schreien. Doch dann hatte sie ihn nicht einmal verklagt, hatte alle Kraft darauf verwendet, wieder ins Leben zurückzufinden. Nur ihre Ruhe hatte sie gewollt, nur vergessen, dass er sie beinahe getötet hatte.

Und wirklich hatten die Alpträume nachgelassen, waren verblasst wie Morgennebel über den ostfriesischen Wiesen, die weder tonnenschwere Lawinen für ihre Vergeltung boten noch Wanderdünen, die ihren Feind begraben konnten.

Und dann, fast auf den Tag genau zwei Jahre nach dem Beinahesterben und Gerade-noch-

Davonkommen, war die Erinnerung wieder über sie hereingebrochen, hatte sie umgeworfen mit der Macht einer Atlantikwoge. Nur ein paar Minuten auf dem Zahnarztstuhl waren es gewesen, ein lächerlicher Eingriff, kleine Ausbesserungsarbeiten am Schneidezahn. Als sie schnaubend und prustend wieder durch die Oberfläche ihrer Panik gestoßen war, hatte sie beschlossen zu schwimmen und zu kämpfen. Sie hatte sich das Versprechen gegeben, ihren Peiniger endlich bezahlen zu lassen.

Fast das Schwierigste war es gewesen, ihn überhaupt wiederzuerkennen. Sie kannte seinen Namen, wusste, wo er arbeitete, wusste, wo er ihre Hilflosigkeit ausgenutzt hatte. Doch sein Gesicht kannte sie nicht, denn er war ihr stets maskiert gegenübergetreten.

Wochen hatte sie gebraucht, bis sie endlich sicher war, nicht dem Falschen nachzustellen, keinen Unschuldigen seine Rechnung begleichen zu lassen. Dann hatte sie sich mit unerbittlicher Geduld an seine Fersen geheftet.

Angst vor Entdeckung hatte sie nicht. Sie war sicher, dass er nicht wusste, wer sie war, wenn sie sich begegneten und sein Blick sie flüchtig streifte. Er hätte sie nicht einmal erkannt, wenn sie sich ein Namensschild an die Brust geheftet hätte. Sie hatte ihn damals nicht mehr interessiert als irgendein

Werkstück, dass er kurz bearbeitet hatte und das auf dem Fließband weitergerollt war, um sofort vergessen zu werden. Vermutlich interessierte es ihn nicht einmal, dass er dieses Werkstück zerbrochen hätte, wenn nicht andere seinen Fehler korrigiert hätten.

Bald kannte sie seine Gewohnheiten, wusste, welchen Weg er abends nach Hause nahm, wo er seine Joggingrunden drehte.

Doch erst, als der Sommer sich dem Herbst zuneigte, die Tage kürzer wurden, formte sich endlich eine Vorstellung ihrer Vergeltung. An der Heisfelder Straße waren die Bagger auf einem Abbruchgrundstück eingezogen, Raupen zerfurchten den aufgeschütteten Sand und planierten den Bauplatz für ein neues Gebäude. Jeden Abend verfolgte sie den Baufortschritt, wenn sie ihrer Beute unbemerkt folgte.

Sie blickte hinunter auf den Mann, der sich zu ihren Füßen auf der Aluminiumleiter wand.

Ihr Atem ging flach und stoßweise. Sie spürte die Panik in sich aufsteigen, die in seinen Augen endlich aufflackerte.

Ihr Zwerchfell zog sich krampfhaft zusammen, sie fühlte sich hecheln, ohne Luft in ihre Lungen pumpen zu können.

Von fern hörte sie Stimmen.

»Atmen Sie!« – »Das waren wir nicht!« – »Warum atmen Sie nicht?«

Sie stand wie eingefroren und starrte auf die Leiter im feuchten Sand. Jeder Muskel in ihrem Körper schien zu zittern. Die Stimmen auf der anderen Seite des Bauzauns entfernten sich und sie schüttelte unwillig das Echo der Erinnerung ab. Es kostete sie beinahe unmenschliche Kraft, sich zu dem gefesselten Mann hinabzubeugen.

»Es waren nicht die anderen«, sagte sie leise. »Sie waren es.« Ihre Stimme gewann an Schärfe und der Mann blinzelte, während er den Kopf fester gegen die Leiter presste, als könnte er ihr dadurch entkommen.

»Sie waren es«, wiederholte sie, noch eine Spur schärfer, ihre Stimme fuhr in sein Gesicht wie ein Rasiermesser. »Sie haben die Spritze mit der örtlichen Betäubung falsch gesetzt. Das Mittel hat meine Zunge gelähmt, so dass sie die Atemwege blockiert hat. Aber da hatten Sie schon wieder den Operationsraum verlassen.«

Der Mann bäumte sich ein weiteres Mal gegen die Gurte. Sein Blick flackerte, als er versuchte, an ihrer Schulter vorbeizusehen.

Sie drehte sich um und folgte seinem Blick zu dem großen, weißen Behälter, der über ihnen aufragte wie eine Mondrakete. Dann wandte sie sich wieder dem Mann zu, der mit verzweifelter

Wut versuchte, seine Hände zu befreien und das Klebeband durch Grimassen von seinem Mund zu entfernen.

Sie runzelte die Stirn und zischte: »Jetzt stellen Sie sich nicht so an! Sie können sich immerhin bewegen. Das konnte ich nicht. Das Relaxans, Sie erinnern sich? Damit Sie vernünftig arbeiten konnten, sollte ich nicht nur ein Beruhigungsmittel bekommen, sondern auch ein Medikament zur Muskelentspannung. Das hat prima gewirkt. Ich konnte nicht einmal einen Finger rühren, als ich am Ersticken war. Nur das Beruhigungsmittel, das hat es gegen das Adrenalin nicht geschafft.«

Sie stand auf und ging hinüber zu dem großen, weißen Silo. Sie öffnete den Schieber am Auslaufrohr.

Dann fuhr sie fort, als hätte es keine Unterbrechung gegeben: »Als der Anästhesist mich endlich intubiert hatte und ich wieder atmen konnte, sind Sie zurückgekommen, haben meinen Mund aufgerissen und mir die Zähne gezogen. Und ich war dabei hellwach.«

Sie legte den Kopf schief und lauschte auf das nasse Platschen des zähflüssigen Betons, der bereits Unterleib und Beine den Mannes bedeckte.

»So wach, wie Sie jetzt sind«, stellte sie nüchtern fest. Der Beton verbarg jetzt schon den gesamten Rumpf des Mannes und kleckerte von seinen

Armen in den feuchtkalten Sand. Seine Hände, die an den Leiterholmen festgezurrt waren, griffen noch durch die weichkörnige graue Masse, dann waren auch sie verschwunden. Der Atem des Kieferchirurgen ging schnell und stoßweise, seine Augen waren vor Entsetzen geweitet, als er versuchte, den Kopf aus dem Betonbrei zu heben.

Ihr eigener Atem floss sanft durch ihren Körper, das Zittern ihrer Hände und Beine war verschwunden.

Im Fortgehen drehte sie sich noch einmal zu ihm um.

»Wissen Sie«, sagte sie ruhig. »Sie hätten sich auch einfach entschuldigen können.«

DER NÄCHSTE WURF

Stümperei und Feigheit. Eine abstoßendere Kombination war kaum vorstellbar. Schon gar nicht beim Töten. Auch Anna hatte getötet, oft sogar. Das blieb nicht aus, wenn man selbst am Leben bleiben wollte.

Anna strich das mausbraune Kleid über ihren mageren Schenkeln glatt und klopfte einladend mit der flachen Hand auf den abgeschabten Sesselplüsch.

Bastet musterte sie sekundenlang aus ihren gelbgrünen Augen und wandte sich dann wieder zur Scheibe um. Nahezu regungslos saß sie zwischen den beiden dunkelgrünen Blumenkästen mit den kräftigen Tomatenpflänzchen auf dem weiß lackierten Fensterbrett und behielt das kleine Futterhaus mit den fetten Amseln, den zänkischen Sperlingen und den nervös schaukelnden Kohlmeisen im Blick. Nur die Spitze des seidigen schwarzen Schwanzes zuckte.

Anna nickte beifällig. Bastet war ein kein Stümper, Bastet war Profi. Sie tötete regelmäßig, präzise und ohne die grausame Verspieltheit, die Katzen nachgesagt wird. Die Mäuse, die Anna fast jeden Morgen auf der Türschwelle fand, bewiesen Bastets Effektivität bei der nächtlichen Jagd, und das Kaninchen unter dem Busch an der Hauswand zeigte, dass sie es furchtlos auch mit großen Gegnern aufnahm.

Wie hatte Rita sich empört, als sie das tote Karnickel in ihrem gepflegten Garten gefunden hatte. Rita, die einem guten Braten mit kräftiger Sauce nicht abgeneigt war, aber aus lauter Feigheit nicht einmal selber das Fleisch vom Metzger holte.

Kaninchen waren zum Essen da, und vor dem Braten musste man sie töten. Mit allem Respekt, den die Kreatur verdiente. Oh ja, Anna hatte oft getötet, aber immer respektvoll. Mit großer Sanftheit hatte sie ihren Hühnern die Gurgel durchgeschnitten, ohne jede Grausamkeit. Wer ein Tier essen wollte, musste den Anstand haben, auch die unangenehme Arbeit selber und sauber zu erledigen.

Rita entsprach viel eher dem Bild einer Katze mit ihrem dreieckigen Gesicht, der kurzen, stumpfen Nase und dem mitleidlosen Interesse an den Tieren und Menschen, die sie sich hielt.

Sie versorgte ihre Schützlinge gewissenhaft, das musste Anna ihr lassen. Der Katzennapf war so reinlich wie alles im Haus, die Mahlzeiten für alle Hausbewohner pünktlich fertig und reichlich bemessen. Auch der kleine Papagei, der sich immer die Schwanzfedern ausriss und die Lücken mit kleinen Zweigen auffüllte, bekam regelmäßig Futter und Wasser. Aber ebenso konnte es passieren, dass Rita das Wasser gegen Gin austauschte und mit großen, staunenden Augen beobachtete, wie der Vogel auf dem Käfigboden umher torkelte. Sie hatte ihn kurz darauf weggegeben. Ob ihr die Erinnerung peinlich oder ob nur ihr Interesse erloschen war, vermochte Anna nicht zu sagen.

Als Bastet den Kopf an ihren braunen Wollstrümpfen rieb und sie auffordernd ansah, beugte Anna sich mühsam vor und kraulte mit ihrer großen braunfleckigen Hand das weiche samtigschwarze Kinn. Bastet ließ es sich mit halbgeschlossenen Augen eine Weile gefallen, dann spannten sich ihre Muskeln, und mit erstaunlicher Eleganz sprang sie auf Annas Schoß.

»Bist zu stolz, um dir von mir helfen zu lassen«, stellte Anna zufrieden fest. Die Flanke der Katze war bereits stark gewölbt und unter ihrer rauen Hand fühlte Anna die leichten Bewegungen der Jungen. Lange konnte es nicht mehr dauern.

Auch Rita wusste das. Heute früh hatte sie ein weiche Decke in den wagenradgroßen Korb im Heizungskeller gelegt und alles für den Empfang der Kleinen vorbereitet.

Unprofessionell war das gewesen mit dem letzten Wurf. Unprofessionell, stümperhaft und feige. Das gestaltlose Wimmern unter dem Kellerfußboden hatte Anna noch lange in ihren Träumen verfolgt. Viel zu lange hatte es gedauert. Immer wieder hatte Rita die Spülung der Toilette gedrückt, immer in Zehnliterportionen hatte sie versucht, die blinden handtellergroßen Tierchen zu ersäufen. Das ungläubige Staunen über die Vergeblichkeit war nach einer Weile dem Ausdruck tiefen Ekels gewichen. Lange, viel zu lange hatte es gedauert, bis der letzte der leisen Schreie im Abflussrohr verstummt war.

Diesmal würde Rita bestimmt nicht noch einmal versuchen, die Kätzchen im Klo zu ertränken. Aber was plante sie dann für den nächsten Wurf? Würde sie die große Spritze suchen, die immer im Medizinschrank gelegen hatte?

Anna schüttelte den Kopf, und eine graue Haarsträhne löste sich aus dem Dutt an ihrem Hinterkopf. Sie tastete nach der Haarnadel, zog sie heraus und klemmte sie zwischen den Lippen fest, bis sie die Strähnen wieder ordentlich aufgedreht hatte. Rita stöhnte jedesmal, wenn sie Anna beim Haarewaschen und Kämmen half. Eine schicke Kurzhaarfrisur sei doch so viel praktischer. Sie würde nicht locker lassen, und Anna wurde allmählich müde.

Die Spritze würde Rita nicht benutzen, würde sie nicht vermissen. Sie war groß und Katzenvenen viel schwieriger zu finden als Menschenadern. Außerdem hatte Rita das Instrument für besondere Fälle aufbewahrt, für Krieg und Katastrophen, um erst die Familie und schließlich sich selbst dem Zugriff von Plünderern oder vergewaltigenden Soldaten zu entziehen.

Anna verzog verächtlich die Mundwinkel. Typisch Rita. Kämpfen war nicht ihre Art. Während Anna ihr ganzes Leben lang immer gekämpft hatte, jede noch so kleine Chance zu nutzen versucht und schließlich überlebt hatte, floh Rita. Anna zog den offenen Kampf einer Embolie vor, aber das war schließlich Geschmackssache.

Bastet regte sich in Annas Schoß, wurde unruhig. Ein Zittern durchlief den sehnigen Körper und die Muskeln unter dem schwarzen Fell verkrampften sich.

»Es wird Zeit«, sagte Anna. Vorsichtig schob sie die Katze von ihren Beinen und bettete sie auf den Sessel. Oben hörte sie Rita husten.

Entschlossen stand Anna auf und ging hinüber zum Herd, um die Platte unter dem Wasserkessel einzuschalten.

Rita trank gerne einen kräftigen Kräutertee gegen ihren Husten, mit Spitzwegerich, Schlüsselblumen, Fenchel und Thymian. Als der Kessel dampfte, goss Anna das kochende Wasser über den Beutel mit der Kräutermischung. Sofort breitete sich der würzige Geruch in der kleinen Wohnküche aus.

Anna öffnete die linke Glastür ihres schweren, alten Küchenschrankes. Nach Äpfeln roch es darin, nach Kräutern und Kaffee. Ganz links fand sie das kleine braune Glasfläschchen. In ihrem Alter wurde man nicht mehr so leicht süchtig, und wenn, machte es nicht so viel aus. deshalb hatte ihr Arzt auch keine Bedenken, ihr die codeinhaltigen Hustentropfen zu verschreiben. Sie wirkten bei ihr am besten, und dass sie davon gut schlafen konnte, war ihr nur recht. Anna schraubte den Deckel ab, dann nahm sie ihr scharfes Kartoffelschälmesser, setzte die Schneide unter dem Rand des Tropfverschlusses an und hebelte vorsichtig, bis das weiße Plastikstück sich mit einem leisen Plopp aus dem Flaschenhals löste. Die Flasche war noch fast voll.

Der Tee hatte lange genug gezogen, der Husten würde Rita nicht mehr lange plagen. Anna ließ den Beutel kurz über der Tasse abtropfen, ehe sie ihn in die Spüle legte. Ohne weiteres Zögern goss sie den gesamten Inhalt des Medizinfläschchens in die große Teetasse, drückte den Tropfverschluss wieder ordentlich in den Flaschenhals und schraubte den Deckel zu. Dann band sie ihre Schürze um und griff den duftenden Teebecher.

Sie sah sich noch einmal zum Sessel um. Bastet

hatte sich wieder entspannt und erwiderte ihren Blick aus ihren unergründlichen grünen Augen. »Warte noch ein bisschen«, bat Anna. »Ich bin bald wieder bei dir.«

Rita saß mit einer Illustrierten auf dem Sofa, das Radio spielte und durch die geöffnete Tür sah Anna auf dem Küchentisch eine Gefrierdose, eine große, braune Flasche und einen Beutel Baumwollwatte.

Rita bemerkte ihren Blick. »Äther«, sagte sie. »Sie merken nichts mehr davon. Ein großer Wattebausch mit Äther in die Dose, Deckel drauf und fertig.«

»Hier ist dein Tee«, erwiderte Anna rau. »Dein Husten ist schlimmer geworden. Trink rasch, solange er heiß ist.«

Während Rita an dem aromatischen Gebräu nippte, machte sich Anna am Nähkorb zu schaffen, suchte Socken zusammen und passendes Garn. Sie ließ den hölzernen Stopfpilz in einen grauen Strumpf gleiten und setzte sich in einen bequemen Sessel dicht am Fenster. Mit geübtem Griff fädelte sie das Stopfgarn durch das Nadelöhr. Es klappte auf Anhieb, und noch brauchte sie dafür keine Brille.

Hin und wieder warf sie einen Blick auf Rita. Der Teebecher war jetzt leer, und Rita hatte die Beine aufs Sofa gezogen.

»Du bist müde«, stellte Anna fest. »Lass mich die Tasse abwaschen.«

Rita widersprach nicht. Die Zeitschrift lag auf ihren Knien, ihre Augen waren halb geschlossen.

Als Anna aus der Küche zurückkam, schlief Rita bereits.

»Es ist Zeit.« Anna griff Ritas linke Hand und streifte behutsam den Ärmel hoch. Dann holte sie die Spritze aus der Schürzentasche, sog den großen Kolben voll Luft und stach die Nadel sanft und mit allem Respekt in die bläuliche Vene.

KURTS GESCHICHTE

Kurt macht auch Bilder. Nicht mit dem Foto-
apparat. Nein, Kurt malt. Mit Bleistift oder mit
Filzstiften oder manchmal Aquarell. Manche sind
bunt, andere nicht. Kurt malt die Mühle und die
Kirche in seinem Dorf. Weil Kurt direkt neben
der Mühle wohnt, sieht er sie jeden Tag, genau
wie die Kirche. Kurt hat es gut, so schön wohnt
nicht jeder.
Weil Kurt seine Mühle mag, hat er auch im Fenster ein Mühlenbild. Zweitausend Bilder hat Kurt
schon gemalt, drei Mappen voll und überall an
den Wänden hängen sie.

Phantasiebilder sind es, sagt Kurt. Wenn er mit
Wasserfarben malt, gibt es auf seinen Bildern Fische. Und Menschen und Hunde.

Elf Hunde hat er gehabt in Loga, in dem alten
Haus, das dann eingestürzt ist. Als er aus der Kur
wiedergekommen ist, hat sein Hund zehn Junge
gehabt und die sind so groß geworden. Kurt hält
die Hand an seine Hüfte. Hier in Ditzum hat
er keinen Hund. Trotzdem legen ihm die Leute
Wurstreste vor die Haustür. Er nimmt sie nicht für
sich, gibt sie seinem Chef für die Hühner.

Kurt malt. Nicht nur die Mühle und die Kirche. Er malt Motorräder, Menschenmotorräder, Hundemotorräder, bunte Murmeln, die er über das Papier rollen läßt. Manchmal sitzt er bei der Werft und malt die Schiffe im Hafen. Die sind ganz schön schwierig. Kaum hat er einen Mast angefangen, kommt ein Windstoß und das Schiff schwankt und der Strich ist wieder falsch.

Kurt arbeitet bei der Werft. Die Arbeit hat er sich selbst gesucht. Beim Reiterhof hat er vorher die Ställe ausgemistet, da haben sie gesagt, so einen Arbeiter können sie brauchen. Also arbeitet Kurt jetzt bei der Werft.

Heute aber nicht. Heute steht Kurt gegenüber von seiner Mühle und seinem Fenster mit seinem Mühlenbild beim Neubau. Sein Chef hat ihn ein paar Wochen umsonst wohnen lassen. Du brauchst nichts zu zahlen, Kurt, hat er gesagt. Hilf mir einfach beim Bau. Deshalb steht Kurt an diesem Novembernachmittag im Sonnenuntergang wie schon seit acht Wochen jeden Tag und freut sich, dass er helfen kann.

Kurt malt, aber davon leben kann er nicht. Da muss man Rahmen kaufen für viel Geld, teurer als das ganze Bild. Und dann sagen die Leute, ich gebe dir zehn Euro dafür. Das kann er nicht machen. Ein Bild hat Kurt trotzdem verkauft. Da war ihm ein Vogel über das nasse Bild gelaufen. Das war schön, und ein Mann hat es gekauft. Was willst du dafür haben, hat er Kurt gefragt. Und Kurt hat einfach mal fünfzig Euro gesagt. Und der Mann hat es wirklich genommen und Kurt fünfzig Euro dafür gegeben.

Aber davon leben kann er nicht. Die anderen sagen, sagt Kurt, wenn du – ich meine: ich, sagt Kurt – mal nicht mehr bist, dann sind die Bilder was wert.

Nächstes Jahr will Kurt seine Bilder verkaufen. Zehn Euro will er für jedes Bild nehmen. Wenn er die einfachen Rahmen kauft für drei Euro, oder manche Läden haben sie auch für zwei Euro, dann geht das. Dann verkauft er jedes Bild für zehn Euro und zweifünfzig von jedem Bild gibt er für was Wohltätiges. Nicht für den Kinderschutzbund, der kriegt schon so viel, findet Kurt. Aber vielleicht für ein Behindertenheim. Kurt mag diese jungen Leute. Er war mal in Bethel, hat sich das mal angeguckt, das waren nette Leute. Oder hier im Dorf. Da kennt Kurt eine Menge Menschen, die haben gar nichts. Die möchte Kurt mal überraschen. Vielleicht mit einem Lebensmittelkorb. Kurt zeigt mit ausgebreiteten Armen, wie groß der sein soll und freut sich schon darauf.

Kurt hilft gerne. Einmal hat er in der Stadt einen Mann gesehen, der hat, na ja, sagt Kurt verlegen, gebettelt. Ich lade dich zum Frühstück ein, hat Kurt gesagt. Aber der Mann hat lieber Geld gewollt. Da hat er zum Nächsten gesagt: Komm mit, ich lade dich zum Frühstück ein. Der ist mitgegangen und sie haben zusammen gefrühstückt, mit Kaffee und Brötchen, richtig schön. Das ist besser als Geld für Sprit, sagt Kurt.

Helfen muss man den Menschen, sagt Kurt. Irgendwann braucht man selber Hilfe, und dann will man, dass jemand kommt. Er sieht es ja auch immer in *Notruf*, was so passiert. Und er weiß, wie man Wiederbelebung macht. Wenn du mal mit dem Fahrrad im Straßengraben liegst, helfe ich dir auch, hat Kurt zu seinem Kollegen gesagt. Der meckert von morgens bis kurz vor Feierabend, aber Kurt würde ihm trotzdem helfen.

Du willst mir höchstens eine Ohrfeige geben, hat der Kollege gesagt, aber Kurt hat es ernst gemeint.

Neulich war Kurt krank. Zwei Wochen hat er im Bett gelegen in seinem Haus neben der Mühle mit seinem Mühlenbild im Fenster. Als er wieder gesund war, ist er gleich wieder auf den Bau gegangen. Gegenüber von seiner Mühle und von dem Mühlenbild im Fenster.

Hallo Kurt, haben die Kollegen gesagt. Ach – du warst krank? Das haben wir gar nicht gemerkt.

KETTEN

Die Tränen begannen zu fließen, kaum dass sie den kleinen, mit Büchern und Menschen vollgestopften Laden verlassen hatte. Schlagartig fiel Beate ein, warum sie Ostfriesland so viele Jahre gemieden hatte. Der Wind war selbst auf dem Festland allgegenwärtig. Hier auf Langeoog blies er stetig und ließ sie trotz des strahlenden Sonnenscheins frösteln. Sie nestelte ein Stofftaschentuch hervor und tupfte die Tränenbäche vorsichtig ab. Vor der Schaufensterscheibe der Buchhandlung am Wasserturm überprüfte sie ihr Spiegelbild. Der Lidstrich hatte nicht gelitten und auch die schwarze Tusche haftete noch an den Wimpern. Als sie sich abwandte und das Tuch in die Tasche ihrer eng geschnittenen Hose schob, klirrte das goldene Armband an ihrem schmalen Handgelenk. *Flucht in Ketten.* Ihre Mundwinkel hoben sich ein wenig und der bleiche Blonde mit den weiten Bermudashorts und dem bedruckten T-Shirt, der ihr auf seinem Weg zur Höhenpromenade entgegenkam, erwiderte das, was er für ein Lächeln hielt, mit einem anerkennenden Blick.

Sie kannte den Film auswendig, je mehr Fernsehprogramme es gab, desto häufiger liefen auch die Wiederholungen. Zwei Strafgefangene, die nichts verbindet als der verzweifelte Wille, frei zu sein und die Kette, mit der sie aneinander geschmiedet sind.

Wann hatte sie begonnen, ihr Leben so zu sehen, es mit dem Hollywoodschinken zu vergleichen? Als sich herausstellte, dass der lang ersehnte Tag von Alberts Pensionierung nicht den gemeinsamen Ritt in den Sonnenuntergang brachte, nicht endlose Gespräche und einträchtiges Miteinander?

Unschlüssig blieb Beate einen Moment stehen. Die Höhenpromenade bot bestimmt den schönsten Blick über die Insel, aber dort oben pfiff der Wind noch ungebremster als hier unten am Fuß des Wasserturms. Sie hatte nie Gefallen daran gefunden, sich den Kopf freipusten zu lassen. Eher fühlte sie sich wie van Gogh, den der teuflische Mistral ins Irrenhaus von Saint Rémy geblasen hatte. Besser in den Ort gehen, auch wenn dort mehr Menschen unterwegs waren. Alleine sein konnte sie auch in Gesellschaft, sie hatte es lange genug geübt.

Vielleicht war das ja das Problem. Die ganzen langen Tage, an denen sie allein zu Hause darauf gewartet hatte, dass Albert von der Arbeit nach Hause kam. Die vielen Abende, an denen er zu müde war, um etwas zu unternehmen und über mehr als das Fernsehprogramm mit ihr zu reden.

Und die vielen Nächte, in denen sie wachgelegen und sich erst auf den Urlaub, später auf seine Pensionierung gefreut hatte. Endlich Zeit, endlich Nähe, endlich …

Ein Strandkorb an der nächsten Straßenecke versprach Zuflucht vor dem scharfen Nordwest. Stand da einfach in der Gegend herum, ein paar Meter weiter der nächste.

Beide waren besetzt, ein barfüßiges Mädchen mit Eis am Stiel saß im rot-weißen Strandkorb, ein händchenhaltendes Pärchen mit Sonnenbrand hatte sich unter der grün-weißen Markise eng zusammengekuschelt.

Hatten die beiden sich wohl hier kennengelernt oder verbrachten sie das erste gemeinsame Wochenende hier auf Langeoog, so wie sie und Albert damals? Würden sie auch nach vierzig Jahren gemeinsam auf die Insel zurückkehren?

Die Hauptstraße war gesäumt von Strandkörben, bemerkte Beate jetzt. Keine Ketten daran, keine Vorhängeschlösser, kein Kassenhäuschen davor. Strandkörbe für jedermann, eine eigenartige Vorstellung.

Ein Strandkorb, das war etwas für die Urlauber, für die Feriengäste. Beate und Albert hatten bei Esens gewohnt, damals, als die Kinder noch klein waren. Sie waren an den Strand gegangen, hatten im Sandeimerchen Quallen gefangen und große

Papiertüten voller Granat von der Darre geholt und sich hinter hohen Sandwällen vor dem Wind verborgen. Touristen bauten Sandburgen und verzierten sie mit Muscheln und Seesternen.

Ihre eigenen Sandwälle waren Kraale, Fluchtburgen, ein Zuhause auf Zeit, umfriedeten das Stück Strand, das sie legitim in Besitz genommen hatten, weil sie hier lebten. Einen Strandkorb zu mieten, wäre ihnen nicht einmal in den Sinn gekommen, wenn sie das nötige Geld dafür gehabt hätten.

Der nächste Korb hatte gelb und weiß gestreifte Polster, die Öffnung war zur Sonne ausgerichtet und er war leer. Beate zögerte nur kurz, ehe sie sich hineinsetzte, das kindische Gefühl, etwas Unrechtes zu tun, wich dem ebenso kindischen Na-und-Trotz. Sie wohnte hier nicht mehr, schon lange nicht, sie war Urlauberin, der Strandkorb stand ihr zu.

Sie waren nach wenigen Jahren fortgezogen ins Binnenland, Albert hatte die Familie ernährt, Beate das Haus und die Kinder versorgt.

Hatten sie schon bei der Unterschrift auf dem Standesamt gewusst, dass sie gerade die Ketten um ihre Gelenke schmiedeten?

Heute gab es Strandkörbe für alle und heute blieben Frauen nicht selbstverständlich zu Hause, wenn sie Kinder bekamen. Beate hatte ihren Beruf aufgegeben und wartete noch immer vergeblich auf Dankbarkeit. Albert hatte jeden Morgen das Haus verlassen dürfen, war unter Leute gekommen, auch wenn er das Brot vielleicht nicht in dem Beruf verdiente, den er sich als Junge erträumt hatte.

Das Kunststoffgeflecht des Strandkorbs umschloss Beate wie eine Muschelschale. Der Wind streunte um den Korb, brach sich an den Rändern und strich mit vorwitzigen Fingern mal über ihre Wange, mal zupfte er am Hosenbein.

Als die Kinder groß und aus dem Haus waren, da war sie schon viel zu lange aus dem Beruf heraus, um noch einmal neu einzusteigen und viel zu eigensinnig, um sich als Anfängerin wesentlich Jüngeren unterzuordnen. Die Tage wurden immer länger, jetzt, wo kaum noch einer mit schmutzigen Schuhen durchs Haus lief, keine Schulaufgaben kontrolliert werden mussten, nur noch Wäsche und Geschirr von zwei Leuten anfielen.

Eine kichernde Böe tanzte um die Ecke und warf Sand in den Strandkorb wie eine Handvoll Konfetti. Beate sah auf ihre Armbanduhr. Wenn sie noch etwas mehr von der Insel sehen wollte, war es Zeit zum Weitergehen. Beim Aufstehen blieb sie mit dem Pulloverärmel an der Armlehne hängen.

Und dann hatte das Warten doch ein Ende, Albert wurde pensioniert und war jeden Tag bei ihr zu Hause. Jeden Tag, nicht nur am Wochenende. Den ganzen Tag, nicht nur abends vor dem Fernseher. Ein Tag ist lang und Gesprächsstoff für sieben lange Tage pro Woche zu finden, war nicht so leicht, wie sie gedacht hatte. Schon früher hatte Albert nie viel von seiner Arbeit erzählt, jetzt gab es darüber gar nichts mehr zu reden. Das Fernsehprogramm war schnell besprochen, sie sahen ohnehin dieselben Filme und Magazine.

Vor einem Schaufenster in der Barkhausenstraße richtete Beate noch einmal ihre Frisur und griff in die Hosentasche, um ihr Taschentuch herauszuziehen. Das goldene Armband an ihrem rechten Handgelenk klirrte nicht. Sie hatte es verloren, nach so vielen Jahren. Sie hätte es sich selbst nicht ausgesucht, aber Albert hatte es ihr zum Hochzeitstag geschenkt und sie hatte sich daran gewöhnt. Es war ihr vertrauter als Albert, mit dem sie vor vierzig Jahren zum ersten Mal auf der Insel gewesen war und den sie nach all den Jahren noch so wenig kannte, dass sie jetzt nichts mit ihm anzufangen wusste. Mal schickte sie ihn zum Einkaufen, dann ließ sie ihn den Rasen mähen. Sie hatte sogar versucht, ihm das Kartoffelschälen beizubringen, aber an diesem Tag gab es erst eine Stunde später Essen, deshalb war es bei diesem Versuch geblieben.

Beate fröstelte, und diesmal lag es nicht am

Wind. Konnte man in ihrem Alter noch jemanden kennenlernen?

Als sich eine Hand auf ihre Schulter legte, fuhr Beate zusammen, als hätte man sie beim Stehlen ertappt. Sie sah in das lächelnde Gesicht eines Fremden, den sie seit vierzig Jahren nicht kannte.

»Ich habe etwas gefunden«, sagte Albert und hielt ihr eine goldene Kette hin. »Sie lag da hinten neben dem gelb-weißen Strandkorb.« Er lächelte wieder, etwas verlegen diesmal. »Ich habe gerade zum ersten Mal in einem Strandkorb gesessen, richtig wie ein Tourist. Kannst du dir das vorstellen?«

»Ja«, sagte Beate. Sie steckte die goldene Kette in die Hosentasche. »Danke«, sagte sie.

FREIES WOCHENENDE

Wenn in Ostfriesland die Sonne scheint, so richtig, dass du meinst, du bist im Süden, dann ist der Himmel so hoch und blau, das glaubst du gar nicht. Du willst nur noch dieses Blau sehen und die Flügel ausbreiten und weg, immer höher. Wenn du Glück hast und bist am Meer, auf Spiekeroog vielleicht oder meinetwegen in Dornumersiel und hast vielleicht noch einen Strandkorb mit Sonnensegel und Urlaub, dann denkst du nur noch: hach, Sommer. Und willst nicht mehr weg, sondern ewig so sitzen … und der Wind … und die Möwen.

Wenn in Ostfriesland aber die Sonne scheint und du wohnst im Binnenland, meinetwegen in Leer, und hast so rabenflügelschwarze Haare wie der Roman Sturm, und die Sonne scheint immer weiter und der Wind kommt nicht zwischen den Häusern durch, dann willst du weg. Ganz weit, am besten zum Pol. Im Urlaub kein Thema, muss ja nicht immer teuer sein und vielleicht auch gar nicht gleich der Pol, nicht mal Pool muss sein.

Der Roman Sturm aber, der hat keinen Urlaub gehabt in diesem Sommer, denn im Sommer fahren natürlich die weg, die Kinder haben oder mit Lehrern verheiratet sind und eben in der

Hochsaison fahren müssen, weil sonst keiner aus der Familie mitkann. Und solche wie der Roman, die dürfen in der Nebensaison. Dann ist das billiger, aber manchmal eben auch nicht so schön. Und der Sommer ist so heiß diesmal, das gibt's in Ostfriesland auch nicht immer. Weil der Roman Sturm auch noch ganz oben wohnt mit dem großen Fenster und dem Balkon nach Süden, ist er im Frühling und im Herbst und natürlich auch im Winter, wenn du jeden Lichtstrahl brauchst, als wenn du Photosynthese machst, sehr gerne zu Hause.

Im Sommer, und wenn der dann auch noch so lang und heiß ist wie dieses Jahr, da traut er sich kaum heim. Da hilft auch nicht: Fenster zu und Rollladen runter und nach Feierabend Durchzug bis zum Morgen. Gibt nur Halsschmerzen und du schwitzt trotzdem.

Natürlich geht der Roman doch nach Hause, denn immer nur im Büro sitzen geht auch nicht. Und wenn das Büro dann auch noch ganz oben ist und keine Klimaanlage hat und du siehst aus dem Fenster den alten Handelshafen und deinen eigenen Balkon, dann denkst du doch immer nur, wie schön jetzt Feierabend wäre und auf dem Balkon sitzen und Cola trinken. Weil, der Mensch ist komisch. Der denkt dann an zu Hause und hat ganz vergessen, wie mörderisch heiß das in der Wohnung ist. Und auf dem Balkon schlafen kannst du auch nicht, auch wenn jetzt im Sommer nachts auf der Georgstraße nicht so viel los ist. Da fahren die Tiefergelegten nachts gerne Rennen immer rund um die Stadt und am Bahnhofskreisel quietschen die Reifen, dass du glaubst, die große schwarz-gelbe Tonne da ist eine Heulboje. So viel Watte kannst du dir gar nicht in die Ohren stopfen, weil du dann auch noch in den Ohren schwitzt, da hörst du alles auf dem Balkon.

Aber wie der Roman Sturm so in seinem Büro sitzt ohne Klimaanlage und ganz viel altem Papier auf dem Schreibtisch in der Polizeiinspektion, da will er eben doch nur da raus.

Weil, im Sommer in Leer, da ist nicht so viel los. Da kommen dann zwar ganz viele Touristen aus dem Rheinland oder meinetwegen aus dem Osten, aber die stellen nichts an, die radeln mit gemieteten Hollandrädern und Packtaschen auf der Fehnroute an den Kuhweiden lang oder paddeln mit Kind und Kegel und Schwimmweste im Landkreis auf den Kanälen an den Kuhweiden vorbei zum nächsten Fahrradverleih. Und wenn sie dann so richtig Muskelkater haben und der Hintern ist wundgeradelt, dann gehen sie brav in die Läden mit den original ostfriesischen Leuchttürmen made in China und den original ostfriesischen Muschelkästchen made in Taiwan und der Sonnenbrand leuchtet ärger als der schönste Leuchtturm und tut auch richtig weh. Und dann setzen sie sich abends in den Biergarten oder zum Griechen unten bei Roman im Haus, dass der Roman nach Feierabend so leicht keinen Platz findet und sich sein Souflaki mit nach oben auf den Balkon nehmen muss, wo es dann auch nicht mehr so stark nach Aftersunlotion riecht.

Aber morden und Sparkassen überfallen und Häuser anzünden tun die Touristen dann in Leer nicht, weil, die haben ja Urlaub und da erholt man sich lieber und Sparkassen überfallen ist ja auch anstrengend. Dafür braucht man dann schon die Einheimischen und die sind im Sommer natürlich nicht da.

Und deswegen kann man im Sommer das ganze alte Papier durchgucken und versuchen, da ein bisschen Ordnung reinzubringen. Und das sind dann nicht nur die Sachen, die der Kriminalkommissar Roman Sturm sonst das Jahr über auf dem Tisch hat, sondern auch ganz anderes Zeug. Weil, die Kollegen mit den Kindern und den Lehrerinnen und Lehrern, die sind natürlich auch weg. Die fahren mit dem Wohnmobil nach Frankreich und lassen sich da vom Campingplatz spülen oder schauen sich an der Costa Blanca die brennenden Pinienwälder an, weil, so ein Leeraner Polizisten-gehalt ist ja nicht hoch, da kann so eine Leeraner

Polizistenfamilie mit Kindern nicht einfach auf eine ostfriesische Insel fahren – viel zu teuer.

Da sind die dann alle vor dem Urlaub zu Roman Sturm ins Zimmer gekommen und haben ihm die betongrauen und schnitzelrosa und pissegelben Pappendeckel mit den ungeklärten Fällen auf den Tisch gelegt und ihm auf die Schulter geklopft oder gesagt: »Kriegst ein Bier, wenn ich zurück bin« oder »Du hast noch was gut bei mir« oder haben sogar »bitte« gesagt und »könntest du vielleicht?«

Und der Roman Sturm, der hat nicht nein sagen können, weil dem das immer schwerfällt. Da ist er seltsam, kann einfach nicht nein sagen, fast schon weiblich. Weil, ist schon komisch, meist sind das ja Frauen, die nicht nein sagen können und dann packen denen die anderen immer noch mehr auf den Tisch und dann sind sie irgendwann ganz verzweifelt oder wütend und sagen immer noch nicht »Mach doch deinen Scheiß allein.« Und irgendwann klappen sie zusammen und kommen nach Wehnen oder bringen einen um und kommen in den Knast oder machen die Arbeit fertig und hinterher gibt es dann kein Bier und kein »Danke schön«, sondern immer noch mehr Arbeit und du hast bei keinem was gut, sondern bist immer gekniffen.

Obwohl das natürlich schon Frauen gibt, die

nein sagen können und das auch machen, nicht
nur, wenn ihnen einer die Briefmarkensamm-
lung zeigen will oder sie Samstagabend aus dem
Karussell abschleppen, auch bei der Arbeit. Nur,
der Roman Sturm, der kann das nicht, richtig
Klischee. Dabei ist der sonst gar nicht so weiblich, auch wenn die rabenflügelschwarzen Haare
so lang sind, dass er sie manchmal richtig zum
Pferdeschwanz binden muss, vor allem, wenn es
so heiß ist wie diesen Sommer. Sicher haben manche gedacht, dass er was Weibliches hat, vielleicht
sogar was Weibisches. Aber nicht dass einer denkt,
der Roman sei schwul. Ist er gar nicht. Hilfsbereit
und alles und nein sagen kann er auch schlecht,
stimmt schon. Aber sonst völlig hetero und hat
vielleicht sogar ein paar viele Freundinnen gehabt,
nacheinander natürlich, nur damit keiner denkt,
er ist schwul. Weil, ich weiß ja nicht, wie das in
großen Städten ist oder im Süden und so. Aber
in Ostfriesland, da muss ein richtiger Mann auch
mal nein sagen und Kruiden saufen bis zum Koma
und den Macho raushängen lassen. So intelligent
und aufgeklärt kann einer gar nicht sein, dass er
nicht im Hinterkopf zumindest denkt: »Der ist
so nett und sagt nie nein und dann hat er auch
noch lange Haare wie ein Mädchen – der ist doch
bestimmt …« Da hilft nicht mal Familie.

Wobei, dem Roman hätte Familie schon geholfen, jetzt, im Sommer, da hätte er dann wenigstens Urlaub gekriegt, wenn sich nicht wieder die anderen vorgedrängelt hätten, die besser »nein« und »ich zuerst« schreien können.

Na ja, und so sitzt der Roman Sturm halt an seinem Schreibtisch im 1. Fachkommissariat, der noch voller ist als sonst schon, hat jetzt endgültig keine Lust mehr auf Fahrradklau und Autoaufbruch, und ist deshalb sehr froh, als Lükka »Feierabend!« sagt. Lükka Tammling kann zwar gut nein sagen, hat aber trotzdem keinen Urlaub. Auch keine Familie mit Lehrer und Schülern.

»Wie sieht's aus, gehen wir schwimmen?«, fragt sie. Eigentlich logisch bei der Hitze und Roman wäre gerne mitgegangen.

»Geht nicht. Ich hab noch was vor.«

»Kino oder DVD?«

»Familie.«

»Seit wann das denn?« Lükka kennt Roman schon eine ganze Weile, aber von Familie hat er noch nichts erzählt. Kein Wunder, wir wissen ja: Der Roman hat keine Familie. Jedenfalls keine eigene. Dafür eine Schwester und das sagt er jetzt auch.

»Meine Schwester hat mich zum Essen eingeladen. Das muss man ausnutzen.« Roman grinst und Lükka auch, denn dass Roman nicht gerne kocht, wissen alle.

»Vergiss es.« Das Salatblatt, das Roman noch halb aus dem Mund zipfelt, verträgt sich nicht mit dem scharfen S. Roman kaut, schluckt und wiederholt: »Vergiss es ganz schnell«. Sein entrüstetes Kopfschütteln schickt einen Sprühregen von Joghurtdressing über die Tischplatte und er starrt Cora vorwurfsvoll in die weit aufgerissenen braunen Augen. Er hätte es wissen müssen.

»Ich hätte es wissen müssen«, sagt er düster. »Wenn du dich mit mir treffen willst, ist etwas faul.«

»Überhaupt nichts ist faul. Ich bitte dich doch nur um einen kleinen Gefallen.« Die braunen Augen schimmern verdächtig feucht. »Es ist eine einmalige Chance, das musst du doch verstehen!« Eine blinkende Träne löst sich aus den langen Wimpern und kullert malerisch über die milchkaffeebraune Wange. Hinreißend. »Ich weiß, das ich das kann.«

Roman muss ihr recht geben. Wenn auch nur insgeheim. Wer so auf Bestellung flennen kann wie seine kleine Schwester, ist für jede Soap ein Glücksfall. Und jetzt will sie ihr Talent also beim Casting beweisen und groß rauskommen. Na schön, aber warum soll ausgerechnet er das ausbaden?

»Ich habe wirklich keine Zeit. Und Lust schon gar nicht.«

Clra hat ihn genau beobachtet und frohlockt innerlich, während sie mit der Serviette die Träne wegwischt. »Es ist doch nur für ein Wochenende«, schnurrt sie.

Nur für ein Wochenende ist gut. Ein *freies* Wochenende, das erste seit Wochen.

»Das hast du auch gesagt, als du mir deinen Roger in die Wohnung gestellt hast. Und als du ihn nach einem Monat wieder abgeholt hast, hatte er das Antennenkabel durchgenagt, die Bücher angefressen und die ganze Küche vollgeschissen. Kommt nicht in Frage.«

Wie viel Worte jemand macht, der sich nicht zu einem klaren Nein aufraffen kann! Nicht, dass ihm das Nein besonders viel geholfen hätte, nicht bei seiner kleinen Schwester.

»Djure ist kein Zwergkaninchen«, behauptet Clara. Und das stimmt sogar. »Und er ist stuben-rein.«

»Trotzdem. Wenn ich Lust hätte, Rotznasen abzuwischen und Breichen zu kochen, hätte ich mich selbst um die Reproduktion gekümmert.«

»Fünfjährige essen selten Brei und das Nase-putzen hast er vor zwei Jahren gelernt«, beteuert sie. »Du sollst es ja auch nicht umsonst machen.«

Roman kann sich nicht vorstellen, womit Clara ihm den Verlust eines kompletten freien Wochen-endes versüßen könnte und sagt das natürlich auch. Er hofft halt immer noch wider besseres Wissen, dass es ihm erspart bleibt, den Babysitter für seinen Neffen zu spielen.

Aber Clara hat noch ein As im Ärmel.

»Mega-Cube.«

Das sitzt.

»Ist nicht dein Ernst!« Du hättest dem Roman einen Ferrari versprechen können, da wäre er hart geblieben. Aber die DVD-Box mit allen sieben Staffeln *Next Generation* ist für einen Trekkie wie Weihnachten und Geburtstag auf einmal, und zwar für zehn Jahre im Voraus. Achtundvierzig Silberscheiben mit 176 Folgen *Star Trek*, das muss man sich mal vorstellen!

»Sobald ich den Job habe!«, verspricht Clara und schiebt ihm ihren Hausschlüssel über den Tisch. »Jetzt muss ich aber wirklich los! Ich ruf dich an.«

Weg ist sie.

Als Roman das Essen bezahlt, zu dem sie ihn doch eigentlich eingeladen hat, und ihre Lasagne gleich mit, wird er das dumme Gefühl nicht los, dass seine kleine Schwester ihn wieder mal gnadenlos geleimt hat.

*

Djure ist wirklich kein Zwergkaninchen. Leider. Sonst hätte der Roman ihn in einem Ställchen auf den Balkon gepackt, natürlich mit einem

Sonnenschirm drüber. Ein paar Möhren und Löwenzahnblätter dazu und gut ist.

Wäre Djure ein Zwerkaninchen, würde er auch nicht solchen Unmengen Pommes, Limo Eis und Poffertjes in sich reinmümmeln. So viel Platz ist in keinem Karnickelmagen. Weil in der Innenstadt an diesem Samstag tierischer Betrieb herrscht, gibt es alle paar Meter einen Fressstand und Roman muss gefühlt alle zehn Minuten sein Portemonnaie rausholen, um Djure zu füttern. Sein altbekanntes Problem mit dem Neinsagen mal wieder.

Die Sonne brennt und Roman schwitzt gewaltig. Dass sein Großvater von Hawaii kommt, wo man über so einen ostfriesischen Sommertag nur milde lächeln würde, hilft Roman überhaupt nichts. Hitzebeständigkeit hat wohl doch nichts mit den Genen zu tun, sondern mit der Gewohnheit.

Zwei Stunden hat er sich immerhin im klimatisierten Kino erholen können. Irgendein Animationsfilm. *Ice Age VII – Ein Faultier hängt durch* oder so. Jedenfalls schön kühl alles in allem. Aber jetzt steht er wieder auf dem heißem Pflaster und klopft Djure die Popcornreste von T-Shirt und Hose. Eben ans Wasser. Auch die Promenade ist voll. Menschen auf dem Steg, Schiffe am Steg, Ruderboote im Wasser. Zur Abwechslung keine Fressbude. Aber auch kein Klo, und Djure fängt schon an zu zappeln. Im Kino musste er ja noch nicht und auf Vorrat gehen wollte er nicht.

Roman denkt an Roger, das Zwergkaninchen, und an seinen Küchenfußboden und mag sich gar nicht vorstellen, was passiert, wenn sie jetzt nicht bald eine Toilette finden. Also ab in die Altstadt.

Auf dem Waageplatz stehen alte Autos rum, Siebziger pur. Vor der Rathaustreppe ein schöner richtig alter Schlitten mit der Aufschrift *Gangsters Inc. – Sie zahlen, wir lösen Ihr Problem* und der Silhouette einer mächtig großen Knarre. Stimmt, heute ist mal wieder *American Wheels* angesagt. Überall Straßenkreuzer, feiste Harleys und staunende, bummelnde, knipsende, mampfende Menschen.

Djure ist jetzt wieder mächtig am Quengeln. Hunger! Durst! Muss mal! Ja was denn nun? Und in welcher Reihenfolge?

Er reißt sein schwitziges Patschehändchen aus Romans Hand, die sich auf einmal so herrlich kühl anfühlt, und schmeißt sich volle Möhre aufs Pflaster. Mitten vor den Eingang der Goldschmiede. Was ziemlich blöd ist, weil da gerade einer rausgerannt kommt, nicht links und rechts guckt, sondern über die Schulter nach hinten in den Laden. Und zack, liegt er da auch schon auf der Fresse, die Tasche fliegt ihm aus der Hand, rutscht noch ein Stück und spuckt eine nette Sammlung von Uhren, Ringen und Ketten aus.

Djure plärrt, der Räuber flucht und die Gold-schmiedin, die hinter ihm hergesprintet ist. schimpft wie zwei Rohrspatzen. Mindestens. Fängt an, ihren Kram aufzuklauben, während ein Asterix mit Handy schon die Polizei rantelefoniert.

Da muss Roman sich also nicht mehr drum küm-mern, liest Djure vom Pflaster auf. Natürlich läuft ihm die Rotznase – von wegen: vor zwei Jahren das Naseputzen gelernt! –, außerdem das Blut vom aufgeschrammten Knie übers Schienbein.

Ein paar Meter weiter steht ein amerikanischer Polizeiwagen vor einem Laden. Daneben ein fast echter Sheriff, umlagert von Familien. Er lässt die Sirene aufjaulen, die Lütten in den Kinderkarren halten sich die Ohren zu und brüllen.

Im Schaufenster lungert ein Uniformierter rum, der sich um den ganzen Tumult draußen auf der Straße keinen Pfifferling schert. Hat aber eine gute Ausrede dafür, steckt in einer ausgemusterten grünen Uniform und ist aus Plastik. Bewacht hier mit gleichgültigem Gesichtsausdruck den einzigen Tatort, an dem Roman Sturm sich auch am freien Wochenende wohlfühlt. Da drin gibt es nicht nur Krimis und Krimikrimskrams, sondern – im Moment viel lockender – ein Café und Restaurant samt Toiletten.

Einfach so aufs Klo gehen, ohne wenigstens was im Lokal zu trinken, findet Roman schofel, deshalb eskortiert er Djure aufs Tatörtchen hinter der bemalten Tür mit dem ollen Bacchus drauf, putzt ihm hinterher Nase und Knie ab und sucht sich mit ihm dann ein schattiges Plätzchen auf der Terrasse. Djure kriegt einen Eisbecher, Roman ein riesiges Weißbierglas voll Apfelschorle. Er fühlt sich so entspannt, dass es ihn nicht einmal allzu sehr nervt, dass ein selbsternannter Schamane mit Federn am Hut, der sich für das älteste Wesen der Welt hält und versucht, einen Grappa zu schnorren, von der Seite volltextet, bis er von der Bedienung verscheucht wird.

Djure muss schon wieder, zu viel Limo, Eis, Pommes und Poffertjes wahrscheinlich. Roman lässt ihn alleine ziehen, im *Tatort Taraxacum* kommt so leicht nichts weg.

Auf einmal Riesenkrawall am anderen Ende der Terrasse. Ist der Schamane zurück? Nein, was sich da durch die Gäste drängelt, Tische und Stühle beiseite rempelt und einen – zum Glück leeren –Rollator umschubst, trägt Schifferhemd, Manchesterhose und trotz der Hitze eine zerknautschte Schiffermütze und hat irgendwas Großes unter den Arm geklemmt. Mehrere Männer und Frauen setzen ihm nach, schreien »Stehen bleiben!«, »Haltet den Dieb« und andere Signalsätze, die Roman Sturm im Berufsreflex aus dem Stuhl reißen. Bezahlt hat er noch nicht,

Djure ist noch auf dem Tatörtchen, trotzdem rennt Roman los, immer hinter dem hakenschlagenden Pseudofischer her, der von der Terrasse schnaubt, durch die schmale Gasse raus und rechts die Rathausstraße runter im Gewühl verschwindet.

Roman setzt ihm nach, zwei der anderen Verfolger holen ihn ein und aus gekeuchten Wortfetzen erfährt Roman, dass der Kerl im Rathaus ein Buch geklaut hat. Und zwar das Goldene. Dem Bürgermeister vor der Nase weg, als der gerade einen von den Amischlittenbesitzern da reinschreiben lassen wollte, weil der die weiteste Anreise hatte oder das älteste Auto oder so.

Weiter vorne sieht er den Burschen mit der Schiffermütze, der ist schon über den Waageplatz weg und steuert aufs Ufer zu. Plötzlich ist er weg.

Als Roman an der Hafenkante steht, sieht er ein paar Meter entfernt ein Paddelboot auf dem Wasser, einen prustenden Schwimmer daneben in der Brühe, der noch gar nicht so richtig weiß, wo sein Bötchen auf einmal geblieben ist und warum es auf einmal so nass um ihn herum ist. Vom Boot herüber dringt Kichern und etwas, das sich anhört wie: »Mich kriegt ihr nicht!« Mit weit ausholenden Paddelschlägen zieht er in Schlangenlinien über das Hafenwasser.

Jetzt tut Roman Sturm das, was er schon immer mal machen wollte. Er springt in das kleine Motorboot, das ganz vorne am Steg liegt, und ruft dem verdutzten Skipper zu: »Folgen Sie diesem Boot!«

Bis der seine Leinen losgeworfen und den Motor gestartet hat, ist der Paddler schon wieder in Ufernähe gelangt. Als sie ihn endlich einholen, dümpelt das Boot herrenlos auf den Wellen und der Fischerhemdträger thront auf dem dicken Dalben drei Meter vom Ufer entfernt, mit dem linken Arm den rissigen Holzkopf von Neptun umschlungen, in der rechten Hand schwenkt er das Goldene Buch der Stadt. Grinst diabolisch und hockt da auf dem Pfahl, als hätte er das schon wer weiß wie oft gemacht.

»Jeder Lackel darf da reinschreiben!«, brüllt er über den Hafen. »Langbeinige Kleiderpüppchen, stachelhaarige Technobengels und jetzt auch noch diese Oldtimer-Rowdys. Nur ich steht immer noch nicht drin, obwohl ich doch das zweitbekannteste Gesicht Ostfrieslands bin und mir für den Ruhm der Stadt Leer den Hintern wundgesessen habe. Aber jetzt ist Schluss mit diesem Buch der Schande!« Er holt aus, wirft und das Goldene Buch landet wohlbehalten im Angelkäscher, den Roman über die Bordwand streckt.

Der Pfahlsitzer ist gepflückt, das Buch zurück im Rathaus und Roman kann endlich im *Tatort*

Taraxacum seinen Deckel bezahlen. Der ist inzwischen deutlich angewachsen, weil Djure sich noch großzügig mit Kuchen und Cola versorgt hat, um die Wartezeit zu überbrücken.

Wer nicht da ist, ist Djure. Die Bedienung vom Nachmittag hat schon Feierabend, die Abendschicht weiß nur vom Deckel, der Buchladen ist dunkel und nirgends eine Spur von dem Knaben. Draußen auf der Straße hat sich die Menge schon ausgedünnt, der Sheriff ist mit seinem Pontiac abgerückt.

Warum, zum Geier, konnte Carla ihm kein Zwergkaninchen in Pflege geben, musste es unbedingt ein fünfjähriger Junge sein?

Doch auch Zwergkaninchen neigen zum Verschwinden, das weiß Roman nur zu gut. Er war damals schon drauf und dran, in die nächste Zoohandlung zu stiefeln und ein möglichst ähnliches Karnickel für seine Schwester zu kaufen, weil er den verflixten Roger Rabbit nicht wiederfinden konnte. Beim Kaninchen hätte das vielleicht klappen können, bei Djure stehen die Chancen eher schlecht. Zum Glück hat er den Nager damals irgendwann doch noch aufgestöbert, der hockte ganz gemütlich im Bücherregal und kaute an der Tapete.

Die Kellnerin hat den Schlüssel für den Buchladen und lässt sich überreden, mit Roman auf die Suche zu gehen.

Ganz vorne bei der Bühne, unter den Kinderbüchern, liegt Djure hinter dem roten Vorhang im Regal, hat sich von draußen eine der roten Decken mitgenommen und sabbert eine Plüschmöhre voll, die er aus der Spielecke entführt hat.

Genau betrachtet, hat er doch eine Menge von einem Zwergkaninchen.

Der Fernseher läuft, Roman hat sich in Claras gemütlichsten Sessel gefläzt und Djure schnarcht friedlich auf dem Sofa. Immerhin halb rum ist das freie Wochenende, jetzt muss Roman nur noch den Sonntag überstehen. Und bis zum nächsten Treffen mit seiner kleinen Schwester wird er noch ganz viel üben. Nicht das Babysitten, aber das Neinsagen.

WACKENBLUT

»Mal ehrlich, findest du es nicht selbst übertrieben, eine ganze Woche vor dem Festival hier herzufahren?« Das Wasser schwappt heftig, als Roman Sturm den durchsichtigen Plastikkanister vor dem kleinen blauen Igluzelt auf die Wiese stellt. Vermutlich gluckert es auch, aber das ist nicht zu hören, dazu dröhnen die Bässe aus dem schmutzigweißen Ducato, der etwa zwanzig Schritte entfernt mit offenen Türen dasteht, zu gewaltig. Romans finsterer Blick sagt deutlich, dass er jetzt nur mit einem guten Kaffee zu besänftigen ist.

»Gieß mal eben voll.« Aufstehen ist viel zu anstrengend bei der Wärme, der Alutopf ist allein von der Sonne so warm, als könnte man das Kaffeewasser darin kochen. »Ich dachte, du magst Camping. Schließlich fährst du dein Zelt und den Schlafsack das ganze Jahr über im Auto spazieren.«

»Ja, schon.« Roman klemmt den Zehnliterbehälter unter den linken Arm, dreht den kleinen Plastikhahn auf und lässt das Wasser in den Topf plätschern, eine ganze Menge schwappt vorbei, läuft über den ausgestreckten Arm mit dem Topf, platscht übers Bein auf die nackten Füße. Herrlich erfrischend. »Camping kann schon Spaß machen, mal so ein, zwei Nächte irgendwo in schöner Landschaft. An der Küste oder auf einer netten Waldlichtung.« Er stellt den Kanister in die Pfütze, die schon fast vom ausgedörrten Stoppelfeld aufgesogen worden ist. »Aber eine Woche auf einer flachen Wiese in sengender Sonne stehen und dabei nicht mal Ruhe haben ...«

Miesmuffel. Und so einem schenkt man die teure Karte!

Er merkt es selbst. »War aber echt nett von dir, mich mitzunehmen, Lükka.«

»Nett, hah?« Nicht ganz das Wort, das man in so einem Fall hören will. Aber andererseits: Die Karte war nun mal übrig, nachdem Lars der Langweiler endlich die überfällige Biege gemacht hatte. Alleine zum Wacken open Air fahren und das andere Ticket über eBay verkaufen, wäre zwar möglich gewesen, aber doch ziemlich unspaßig.

Roman legt schnell nach: »Ich wollte schon längst mal herkommen, aber irgendwie konnte ich mich nie dazu aufraffen.«

Kein Wunder. Einer wie Roman Sturm hätte sich niemals ein halbes Jahr vor einer Veranstaltung eine Karte besorgt, so viel steht fest. Viel zu viel Planung für den lieben Kollegen.

Aber jetzt sitzt er eben auch hier auf dieser Kuhweide, die in den nächsten Tagen mal wieder Zeltplatz für zigtausende feiernde Metalheads werden soll, zapft Trinkwasser in Plastikkanister und macht ganz den Eindruck, als langweile er sich entsetzlich. »Es geht aber erst am Wochenende auf den fünf Bühnen los, stimmt's? Und was sollen wir bis dahin machen? Murmeln spielen vielleicht?«

»Gar keine schlechte Idee. Es sei denn, du stehst mehr auf Absperrbandlimbo oder Mudfighting. Bocciakugeln haben wir auch mit und irgendeiner hat immer eine Spielesammlung dabei. Müssen wir einfach mal rumfragen.«

»Jetzt willst du mich aber wirklich verscheißern, oder? *Mensch ärger dich nicht* oder *Halma*?«

»Zum Beispiel. Oder denkst du, dass 75 000 Leute hier nonstop durchsaufen?«

Er guckt ganz so, als denkt er das wirklich. Armer Tropf.

Fehlt nur noch, dass er schmollend die Unterlippe vorschiebt und mit dem Fuß gegen den Campingtisch tritt.

Na ja, mal nicht zu ungerecht sein. Eigentlich ist Roman schwer in Ordnung, wenn auch ein bisschen chaotisch. Und selbst daran kann man sich gewöhnen. Wenn man den größten Teil des Lebens mit jemandem im selben Büro verbringt, sollte man das auch besser, ist sonst sehr schlecht fürs eigene Wohlbefinden.

»Du siehst doch selbst, wie voll es jetzt schon

ist. Und ab Mittwochmorgen sind alle Zufahrtsstraßen verstopft. Da ist es einfach besser, früher zu kommen, sonst campt man auch viel zu weit vom Festivalgelände entfernt. Also, ich habe keine Lust, jedes Mal eine Dreiviertelstunde zu laufen, wenn ich aufs Infield will.«

Das Flämmchen des Brenners auf der dicken blauen Gasflasche ist im gleißenden Sonnenlicht kaum zu sehen. Eigentlich ist nicht das richtige Wetter dafür, aber ein Kaffee muss jetzt sein, nicht nur, um Roman aufzumuntern. Eben die Kanne aus dem Zelt holen, ohne dabei irgendwas umzuschmeißen. Ist schon ziemlich eng hier, der Platz zwischen den beiden Igluzelten reicht gerade so für die zwei Klappstühle und die Kochstelle auf dem wackeligen Tischchen. Wenigstens ist gutes Wetter, da kann man sich die Spannleinen sparen. Roman hätte bei Aufbau gerne mehr Abstand gehalten, wahrscheinlich ist ihm die Unordnung in seinem Bau doch peinlich. Aber die Wacken-Erfahrung lehrt, dass es nicht gut ist, zu viel Platz zwischen den Zelten zu lassen, weil jeder freie Quadratmeter gleich besetzt wird. Also hat er sein Zelt wenigstens etwas schräg aufgestellt, so dass die Eingänge sich nicht gegenüberliegen und man ihm nicht so direkt ins Chaos gucken kann. Jetzt stehen die Dinger sozusagen auf zehn Uhr und auf zwei Uhr. eines gedachten Zifferblatts.

Auch nicht schlecht, man hockt sich so schon dicht genug auf der Pelle.

Das Wasser kocht. Das Kaffeepulver in der Glaskanne quillt auf und verbreitet seinen Duft, der so ganz anders ist als alles, was sonst so über dem Zeltplatz hängt – im besten Falle Schweiß und Bier, wenn der Wind ungünstig steht, auch Unangenehmeres. 1500 Dixiklos haben bei 30 Grad im Schatten eine gewaltige Ausstrahlung.

Irgendwo hinten wird es laut. Nicht, dass es nicht die ganze Zeit laut wäre, schließlich feiern hier jetzt schon ein paar Tausend Leute, die wenigsten davon trinken Kaffee und praktisch alle haben CD-Player oder Autoradios dabei. Diese Grundierung aus Death Metal, Progressive Metal und Gothic, aus Gitarrenriffs und Schlagzeug nimmt man nach einer Weile genauso wenig wahr wie eine Schnellstraße oder die nächste Eisenbahnstrecke.

Aber dieses dumpfe »*Wack*«, das Johlen und Klatschen machen neugierig.

Ein Stückchen entfernt, in Richtung der nächsten Dixiklos, hat sich ein Pulk versammelt. Einige tragen Bandshirts, andere leider nicht. Steht auch nicht jedem, so oben ohne oder nur mit benähter Jeansweste auf nackter Haut. Jetzt hebt einer den Arm, nicht zum üblichen Metallergruß – Zeigefinger und kleiner Finger ausgestreckt, Arm gerade in die Luft – sondern nach hinten abgewinkelt. In seiner Hand blinkt etwas in der Sonne. Der Arm schießt nach vorne, etwas dreht sich träge in der Luft, senkt sich nach ein paar Metern – *wack*!

Auch Roman ist aufgestanden, den Kaffeebecher noch in der Hand. »Womit werfen die denn da?« Er verrenkt sich fast den Hals beim Versuch, zwischen den parkenden Autos und den Zelten hindurch etwas zu erkennen. Trotz seiner Einsneunzig gelingt ihm das nicht. »Lass uns mal rübergehen«, sagt er und ist schon unterwegs. Na dann los, Neugier ist schließlich eine Einstellungsvoraussetzung für Kriminalkommissare, das legt man auch im Urlaub nicht ab.

Beim Näherkommen werden mehrere Dinge klar. Erstens: Die nächsten Nachbarn haben einen sehr geradlinigen Musikgeschmack. Was da aus den Boxen dröhnt, ist dumpfes Gerumpel mit schrillen Schreien, klingt wie ein Betriebsunfall im Stahlwerk. Zweitens: Für so eine Stereoanlage braucht man eine Menge Strom, den man drittens mit einem Dieselgenerator erzeugen muss. Und viertens: Die Jungs da drüben schmeißen tatsächlich mit Äxten auf eine große Holzscheibe. Unglaublich, was die Leute alles mit sich rumschleppen. Das dumpfe Klocken lockt immer mehr Zuschauer an. Der Raum um die Scheibe ist mit Flatterband abgesperrt. Ein paar der langhaarigen Werfer bauen sich jetzt breitschultrig im Halbkreis auf, damit sich da keiner durchdrängelt und wenigstens ein bisschen Sicherheitsabstand zu den fliegenden Äxten bleibt. Okay, »langhaarig« ist hier in Wacken – oder besser: beim Wacken – kein echtes Unterscheidungskriterium. Hier ist einer der wenigen Orte, an denen Roman Sturm mal nicht wegen seiner langen schwarzen Mähne auffällt, und sogar seine milchkaffeebraune Mowgli-Ausstrahlung nimmt in diesem bunten Gewimmel von Rockmusikfans aus der ganzen Welt keiner groß zur Kenntnis.

Das Einzige, was die Axtwerfer – außer ihren Äxten natürlich – wirklich von den übrigen Wakkenbesuchern unterscheidet, sind die Kutten, auf denen statt der üblichen Aufnäher mit Bandnamen, Jolly Roger oder dem unvermeidlichen Stierschädel eine Zielscheibe prangt und darüber der Schriftzug *Yxkastarna*. Weil in der blaugelben Zielscheibe eine Axt steckt, lässt sich das auch ohne besondere Fremdsprachenkenntnisse entschlüsseln. Hoffentlich reichen ihre Muckis, um das Publikum auf Abstand zu halten – nicht, dass noch einer so eine Axt an die Rübe kriegt.

»So, jetzt haben wir das auch gesehen. Lass uns mal zurückgehen, ehe der Kaffee kalt wird.«

Aber Roman sieht nicht so aus, als würde ihn der Kaffee oder sonst etwas interessieren. Er steht da mit leuchtenden Augen wie ein kleiner Junge unterm Weihnachtsbaum.

»Geh ruhig«, murmelt er mit entrücktem Blick. »Axtwerfen wollte ich schon lange mal ausprobieren ...« Weg ist er, redet noch mit Händen und Füßen auf einen der muskelbepackten Kuttenträger ein und wird dann vom Werferpulk verschluckt. Na, wenigstens ist Langeweile jetzt kein Thema mehr.

*

Auch wenn der riesige Zeltplatz noch nicht annähernd voll ist, kann man sich hier verlaufen. Nächstens besser mit Kompass zum Klo gehen. Allein die »Area F« ist schon reichlich unübersichtlich. Wo war der Platz noch mal? »Slayer Street« oder »Road to Nowhere«? Hier jedenfalls ist die »666th Avenue«, da war es definitiv nicht. Die Zelte sind auch keine große Hilfe, sehen alle mehr oder weniger gleich aus. Da drüben stehen ein grün-silbernes und ein blaues Iglu beieinander. Nein, kann nicht sein, das sind drei Zelte, nicht zwei. Also noch mal in die andere Richtung.

Lag diese Zeltplane vorhin auch schon auf dem Weg? Jetzt jedenfalls stehen da wieder mal paar Dutzend Leute rum, wie immer auf dem Wacken, wenn etwas Spaß verspricht. Sie klatschen rhythmisch, während einer anläuft. Abgeschnittene

Jeans, obenrum nur Tattoos auf Rücken und Oberarmen, schwarze Schnürstiefel. Er brüllt laut: »Wacken!« und schlittert die ganze Länge der ausgebreiteten Plane entlang. Die Menge johlt und vergibt eine Acht. Der Nächste versucht es mit Turnschuhen, langer Hose, weißem Feinripp-unterhemd und fällt voll auf die Fresse, glitscht auf einer Mischung aus Bier und Dosenravioli bäuchlings aus der Bahn. Mehr als eine Sechs war das sicher nicht. Der Titelverteidiger lässt sich am Rand der Kampfbahn von einer Kammerzofe in geschnürter Lederweste den Zopf neu binden, sein feingerippter Herausforderer drückt im Vorbei-gehen der kämmenden Zofe einen Kuss auf den Mund, dann holt einen Büchsenöffner und macht eine neue Raviolidose auf. Jetzt wird es offenbar ernst. Tatsächlich, Feinripp schafft es diesmal im Stehen bis zum Bahnende. Das hilft ihm aber nichts, denn Zöpfchen überzeugt in der B-Note und fährt mit einer glatten Zehn ins Ziel. Wer sich auf dem Wacken langweilt, macht wirklich was falsch. Als sich einer im Kilt startbereit macht, ist ein guter Zeitpunkt zum Weitergehen.

Nach zwei weiteren Runden zwischen qualmen-den Grills und einem umfassenden Überblick über das Getränke- und Knabberkramsortiment der beiden örtlichen Supermärkte ist klar: Das gerade waren die richtigen Zelte. Zwei davon jedenfalls.

Das dritte ist neu. Und doppelt so groß wie ein normales, eher zwei Zelte mit einem Tunnel dazwischen. Aber Roman musste ja unbedingt so viel Platz lassen. Na gut, nicht mehr zu ändern. Hoffentlich sind die Neuen lustig. Vielleicht ein paar spinnende Finnen oder coole Kiwis.

Oh nein, es ist der Haupttreffer: giggelnde *Geräusch*-Tussis. Ein Trio dieser Pseudometalfans, die sich für harte Rocker halten, weil sie mal ganz *evil* eine CD der *Ärzte* gekauft haben, und seitdem Konzerte und Festivals heimsuchen. Saubere bunte Kopftüchlein hinten geknotet, die Wacken-Shirts im Girlieschnitt frisch aus dem Full Metal Pakkage geholt und fruchtigen Biermix im offenen Kofferraum. Und aus dem CD-Player nölt Bela B, nicht zu fassen. Scheint die Mädels aber selbst zu nerven, irgendjemand bricht den lahmen Song ab, das nächste Stück passt schon eher hierher. Die ersten Takte jedenfalls, dann wird weitergeschaltet.

Wo ist der Met? Wo ist Roman?

Jetzt kommt was, das klingt wie *AC/DC* auf Speed, wahrscheinlich *Airbourne* oder *Demons & Wizards*, das lässt sich aber nicht identifizieren, weil der gnadenlose Zapper wieder zuschlägt. Diese Rumschalterei macht richtig aggressiv und das passt nicht zum Wacken, das Festival ist schließlich dafür bekannt, dass es hier immer friedlich zugeht. Also besser noch mal losziehen, ist ja genug los auf dem Platz, vielleicht trifft man den einen oder anderen.

Roman Sturm zum Beispiel, der in diesem Augenblick um die Ecke biegt, in der Hand ein ausgehöhltes Kuhhorn, verschwitzt und dreckig, rote Flecken auf den Klamotten und im Gesicht. Endlich versteht er, wie Wacken funktioniert. Die Gestalten, die er im Schlepptau hat, sehen aus wie die meisten hier, nur an den Jeanswesten ist zu erkennen, dass er bei den Axtwerfern hängen geblieben ist. Einer von ihnen trägt unter der Weste nur Tattoo und auf der abgeschnittenen Jeans Ravioli. Manche Leute können auch nie genug Spaß haben. Die Kammerzofe mit der Lederweste ist auch dabei und zaust dem Raviolirutscher liebevoll das Zöpfchen.

Der Kaffeebecher ist weg, na ja, Schwund ist immer. Und ein Trinkhorn ist auch was Schönes, muss Roman seinen Kaffee morgen früh eben daraus trinken. Mit einer weit ausholenden Armbewegung lädt er die Kuttenträger ein, sich zwischen die Zelte zu setzen, jetzt sind die roten Flecken auch auf dem Iglu, auf Tisch und Stühlen. Roman kichert: »Ist nichts Schlimmes, nur Wikingerblut. Echtes Wackenblut.«

Lauernder Blick aus leicht umflorten dunklen Augen, das Greenhorn hofft sicher, dass die Kombination aus seinen Axtspielchen und der

Erwähnung von Blut so richtig schockt. Leider hat er dabei komplett vergessen, wer hier schon oft auf dem Wacken war und wer noch auf jede Merchandising-Masche reinfällt. Aber weil im Kofferraum genügend Metflaschen und Tetrapacks mit Kirschsaft liegen und die fünf Trolle gute CDs mitgebracht haben, die die drei zappenden Nachbartussis locker übertönen, wird es noch ein netter Abend.

*

Der Ausdruck »Morgengrauen« bekommt eine ganz eigene Bedeutung, wenn man mit dickem Kopf über ein Stoppelfeld schlurft und seinen Weg zwischen Autos, Zelten und schnarchenden Leibern hindurch sucht, viel zu viel Wikingerblut im Leib und viel zu wenige benutzbare Toiletten in Reichweite. Am Wegesrand grunzt es unter einem meterhohen Haufen leerer Dosen und Flaschen. Ein Typ ist im Sitzen eingeschlafen und mit Leergut eingebaut worden. Jede Wette, davon steht spätestens nächste Woche ein Video bei Youtube. Wer solche Freunde hat, braucht wirklich keine Feinde.

Nicht mal das Schlafen war so richtig erholsam, weil mitten in der Nacht ein Stückchen entfernt irgendwelche Hirnis es geschafft haben, ihr Zelt in Brand zu setzen. Zum Glück waren außer dem Spielmannszug der *Wacken Firefighters* genug

Feuerwehrleute mit Löschfahrzeugen auf dem Festivalgelände. Aber bis die durch das Gewühl durchgekommen waren, brannte außer dem Zelt noch jede Menge Müll, den ein Haufen Deppen ins Feuer geworfen hatte. Wilkommen beim »Spacken Open Air«!

Auf dem Platz, auf dem Roman und seine Wikingerfreunde gestern Axtwerfen geübt haben, steht die große Holzscheibe verlassen da. Kein Wunder, die Trolle haben sich die halbe Nacht mit Druckbetankung beschäftigt.

Wenigstens ins Zelt kann man es doch eigentlich trotzdem schaffen. Sollte man jedenfalls meinen. Aber da liegt schon wieder einer mitten im Weg, die haarigen Beine in der abgeschnittenen Jeans lang von sich gestreckt. Da kann man doch drüber stolpern! Und mit nacktem Oberkörper auf der taufeuchten Wiese zu schlafen, ist auch nicht gesund. Wenn der sich mal keine Lungenentzündung holt.

Im nächsten Augenblick werden mehrere Dinge klar: Erstens ist das tatsächlich Ravioli-Zöpfchen, der da liegt. Zweitens: Um eine Lungenentzündung muss er sich keinen Kopf mehr machen. Weil von *dem* außer dem langen rotverklebten Zopf nicht mehr viel zu erkennen ist. Drittens: Das ist nach dieser Nacht auch für einen wackenerprobten Magen zu viel.

*

»Und Sie sind …?« Der Blonde, der das fragt, hat viel zu kurze Haare, trägt weder Bandshirt noch Bierfahne und hat sich als Finn Bjarnsen von der Kriminalpolizeistelle Itzehoe vorgestellt.

»Lükka Tammling.« Der Geschmack im Mund ist immer noch widerlich, woher kriegt man jetzt ein Glas Wasser? Sicher macht Bjarnsen sich so seine Gedanken über zerzauste und übel riechende Frauen, die am frühen Morgen vor Dixiklos über Tote stolpern. »Kriminalpolizei Leer.« Vielleicht beeindruckt ihn das wenigstens ein bisschen.

Wenn, dann lässt er es sich nicht anmerken, nur die blonden Augenbrauen rutschen auf der Stirn eine Nuance höher.

Der ganze Bereich vom Werferplatz bis fast zu den Toiletten ist jetzt mit rot-weißem Flatterband abgesperrt, die Leiche inzwischen fotografiert und zugedeckt. Bis der Bestatter kommt, wird es wohl noch ein Weilchen dauern, heute ist Hauptanreisetag und Leichenwagen haben kein Blaulicht.

Die Kollegen in Schleswig-Holstein arbeiten mit gewohnter Routine und der Alltag ist in Wacken angekommen. Roman Sturm sieht vielleicht noch nicht ganz nüchtern aus, aber ernüchtert.

»Und Sie sind nicht auf die Idee gekommen, uns zu melden, dass hier Leute mit Waffen auf dem Festivalgelände hantieren – Kollegen?«

»Sportgeräte«, verbessert ihn Roman, aber Bjarnsen schüttelt den Kopf.

»Ich glaube nicht, dass in Ostfriesland« – das klingt irgendwie anzüglich – »andere Waffengesetze gelten als bei uns. In dem Moment, wo Sie Wurfmesser und Äxte zu Versammlungen mitnehmen, sind es keine Sportgeräte mehr, sondern einfach gefährliche Gegenstände, die nicht mitzuführen sind.«

Er hat ja recht, aber muss er unbedingt so dröge sein?

»Und wie gefährlich die sind, sieht man ja«, legt er nach. »Wenn man mitten in der Nacht in alkoholisiertem Zustand mit solchen ›Sportgeräten‹ trainiert, werden sie zu tödlichen Waffen.« Er deutet auf die verbliebenen Wikinger und die verheulte Kammerzofe, die blass auf Campingstühlen sitzen. »Wer von denen den Tod von …« – beim Versuch, den Namen auszusprechen, gerät er ins Stottern – »… den Tod des Schweden auf dem Gewissen hat, werden wir schon herausfinden. Sobald wir einen Dolmetscher besorgt haben.«

Roman Sturm schüttelt nachdrücklich den Kopf. »Die Äxte werden nachts alle im Wagen eingeschlossen. Und besoffen trainiert von denen keiner. Dazu sind die viel zu erfahren.« Er fasst Bjarnsen an der Schulter, der sieht seine Hand entrüstet an. Hätte er doch gründlicher waschen sollen, klebt noch zu viel Wackenblut von gestern Abend dran. Aber Roman lässt nicht locker. »Das ist nicht logisch.« Er dreht den deutlich kleineren Bjarnsen ein Stück, bis er in Richtung der Holzscheibe sieht. »Da drüben steht die Zielscheibe, ein ganzes Stück links von hier aus gesehen, richtig?«

Bjarnsen nickt.«

»Die Wurfentfernung ist sechs Meter.« Roman dreht den Kollegen in die andere Richtung. »Hier vorne ist die Werferzone. Sie ist sogar noch markiert.« Er zeigt auf ein Paar schmutzige Turnschuhe und mehrere leere Kekspackungen.

Bjarnsen nickt wieder.

Roman lässt ihn endlich los. Er hebt den rechten Arm hoch über den Kopf, holt aus und lässt eine unsichtbare Axt schwungvoll nach vorne aus der Hand sausen.

»Der Tote liegt dort hinten.« Er deutet nach rechts. »Selbst wenn hier einer trainiert *hätte,* wäre die Axt gar nicht in seine Richtung geflogen. Sie sagten doch, dass der Körper nicht bewegt worden ist.«

»Und wenn der Werfer die Axt nicht richtig festgehalten hat und sie ihm aus der Hand gerutscht ist?« Triumphierend sieht Bjarnsen zu Roman hoch.

Der schüttelt den Kopf. »Dann fliegt sie kurz hinter oder neben ihm auf den Boden und hat nicht genug Durchschlagskraft, um in dieser Entfernung einen Schädel zu spalten. Die Sicherheitszone ist weiträumig genug abgesperrt, das Opfer wurde weit außerhalb getötet.«

»Mit anderen Worten«, Finn Bjarnsen sieht Roman Sturm mit kühlem Lächeln an, »es kann sich nicht um einen Trainingsunfall handeln? Wollten Sie mir das klarmachen?«

Roman nickt nachdrücklich.

»Dann müssen wir also von einem Tötungsdelikt ausgehen. «

Das ist alles hochdramatisch, aber etwas anderes drängt sich jetzt doch in den Vordergrund. Ein Bedürfnis, das überhaupt erst zum Leichenfund geführt hat.

»Die Toiletten da hinten – sind die eigentlich freigegeben?«

Überraschter Blick von Bjarnsen, Nicken.

Dann nix wie los.

Es ist Wind aufgekommen. Die dünne Folie, mit der die Polizisten den Toten bedeckt haben, flattert und raschelt, hebt sich von dem Gesicht, das gestern noch so lebendig war. Eben einen Blick riskieren. Die Wunde ist weit oben am Kopf, deutlich oberhalb der Hutkrempe. Und sie ist relativ schmal, dabei haben die Wurfäxte doch breite Schneiden.– Wo ist die Tatwaffe überhaupt?

Vorhin war sie nirgends zu sehen, aber vielleicht hat die SpuSi sie längst eingesackt. Gleich mal fragen, aber erst auf die Toilette.

1500 Dixiklos, und immer erwischt man eins, das *nicht* gerade erst gereinigt wurde. In einem Interview sagte mal der Mitarbeiter einer Reinigungsfírma, dass man sich nach dem Festival mit dem Inhalt der Klos komplett neu einkleiden könnte.

In diesem hier zum Beispiel schwimmt obenauf ein ehemals weißes Feinrippunterhemd und das daneben muss ein Turnschuh sein.

Rückwärts rausgehen, nichts anfassen, eine Tür weiter erledigen, was getan werden muss.

Die Wikinger sind inzwischen weggebracht worden, wahrscheinlich sind sie schon zum Revier in der Schulstraße unterwegs. Dafür stehen zwei Feuerwehrleute bei den Kollegen. Was sie so aufgeregt zu berichten haben, muss man nicht hören, um zu wissen, dass sie Anzeige erstatten wollen. Beim Einsatz heute Nacht, während alle sich um das brennende Zelt gekümmert haben, ist aus dem Fahrzeug eine Feuerwehraxt gestohlen worden – wetten?

Und jede Wette: Auf dem Feinrippunterhemd im Klo werden die Kriminaltechniker nicht nur

Raviolireste finden, sondern auch jede Menge Wikingerblut. Ohne Kirschsaft.

Jetzt muss der werte Kollege aus Itzehoe nur noch einen Metaller finden, der kein weißes Feinrippunterhemd und keine Freundin mit geschnürtem Ledertop mehr hat. Das sollte er doch wohl schaffen.

DER SCHLÜSSEL ZUR ZUKUNFT

Datei nicht gefunden
Überprüfen Sie Pfad und Dateinamen.
   Börger fluchte. Irgendein Volltrottel hatte wieder in der Datenbank herumgefummelt und die Gewinnerliste unter einem anderen Stichwort abgespeichert.? Jetzt blieb ihm nichts anderes übrig, als das gesamte Verzeichnis durchzublättern. Einige Stichwörter kannte er immerhin und brauchte die dazu gehörenden Dateien nicht aufzurufen. Trotzdem blieben bestimmt achtzig Texte übrig, die er einzeln anklicken und auf den Schirm holen musste. Nur um zu sehen, dass sie mit seiner verschwundenen Liste nicht das Geringste zu tun hatten. Börger fuhr sich mit den gespreizten Fingern seiner linken Hand durch die Haare und kratzte sich am Hinterkopf. wieder einmal starrte er wütend auf das Sicherheitsschloss im CD-laufwerk. Jeder vernünftig Mensch würde derart wichtige Daten auf einer Disc speichern und im Schreibtisch einschließen. Hier war das unmöglich, denn mit dem Zugang zum eingebauten Laufwerk wurde so geknausert wie mit dem Zugriff aufs Internet.
   Als Börger an seinem ersten Arbeitstag den

EDV-Techniker des Verlags nach dem Schlüssel gefragt hatte, war ein breites Grinsen die Antwort gewesen. Heute kannte er die neurotischen Betriebsstrukturen und wusste, warum. Es hätte ja einer interne Daten aus dem System ziehen und an die Konkurrenz verscherbeln können. Oder während der Arbeitszeit private Briefe auf dem Firmencomputer schreiben. Auf jeden Fall aber hätte die Geschäftsleitung eine wichtige Kontrollmöglichkeit verloren.

Dass die Firma überhaupt einen Zugang zum weltweiten Datennetz hatte, lag nur daran, dass die Chefin nicht ahnte, wie leicht man von außen in jeden Rechner eindringen konnte.

Börger klickte sich zurück ins Hauptmenü und versuchte, seine Liste mit Hilfe von Suchbegriffen zu finden.

*

Sindjar machte sich Sorgen. Ziemlich große sogar. Er löste die Elektroden des Kommukits und legte es behutsam vor sich auf die Konsole. Eigentlich nutzte er das Netz gerne, um die neuesten Nachrichten auszutauschen oder die Freundschaften zu pflegen, die er im Laufe der Zeit geknüpft hatte. Seit einigen Umläufen verursachte ihm das Chatten im Deep Space Net jedoch ein steigendes Unbehagen. Weniger wegen der Neuigkeiten, die er erfuhr, als wegen der Nachrichten, die ausblieben. Immer schwieriger wurde es für seine Partner, einen sicheren Zugang zum Netz zu finden. Auch die Unterhaltung mit Chakri heute war unvermittelt abgebrochen. Sindjar fürchtete, dass die Sauerstoffatmer auf Krotson eine neue Möglichkeit gefunden hatten, das DSN zu überwachen und zu stören.

Sindjar reckte sich dem Licht entgegen, um die bleierne Müdigkeit zu vertreiben. Es war ein Fehler gewesen, die Dissimilatoren zu unterschätzen. Wahrscheinlich war bireits das gesamt FLZ-Projekt ein Fehler gewesen. Gerne gestand Sindjar sich das nicht ein, denn die Forschung nach Leben in anderen Zonen, wie FLAZ offiziell hieß, war immer sein Lieblingsprojekt gewesen. Schon damals, als seine Kollegen die Sonde, die das Erkundungsschiff aufgelesen hatte, noch für eine perfide Fälschung erklärt hatten. Ausgeschlossen sei es, dass sich in einer anderen Zone ähnliches Leben entwickelt habe wie hier. Noch dazu eine intelligente Lebensform, die erste Ansätze der Raumfahrt hervorbringen konnte – absurd!

Bereits die Idee, komplexere Wesen könnten sich mit Sauerstoff am Leben erhalten, worauf einiges in der Sonde hinwies, erschien den meisten Wissenschaftlern vollkommen absurd. Die

Kapsel, so die offizielle Meinung, war ein Witz. Die Bastelei irgendwelcher Scherzbolde, die das FLAZ-Programm lächerlich machen wollten. Man beschloss, mit Stillschweigen über die ganze Angelegenheit eine Blamage zu vermeiden und versuchte derweil, die Urheber zu entlarven.

Sindjars Team hatte letztlich sogar davon profitiert. Um zu beweisen, dass Leben jenseits der bekanten Zone nicht existierte, förderte die Regierung das FLAZ-Programm mehr denn je und genehmigte die Anschaffung immer empfindlicherer Geräte. Dass viele FLAZ-Mitarbeiter den Regierungskurs fuhren, störte Sindjar kaum. Solange sie den Ehrgeiz hatten, die Existenz fremden Lebens auszuschließen, leisteten sie genauso gründliche Arbeit wie er selbst und brachten das Projekt unermüdlich voran.

*

Börgers Laune verschlechterte sich mit jeder aufgerufenen Datei. Sicher konnte er sich bei Breitkopf für diese unnütze Zusatzarbeit bedanken. Der PR-Chef hatte ihm zwar gnädig die Aufgabe übertragen, sich dieses Jahr um die Weihnachtsaktion zu kümmern, trotzdem mischte er sich ständig ein und löcherte Börger mit allem möglichen Unfug. Das Schulterklopfen von der Geschäftsleitung würde Breitkopf natürlich selber

in Empfang nehmen. Eine satte Provision oben-
drein, vermutete Börger.

Dabei stammte die Idee mit den Glückssternen
gar nicht aus Breitkopfs schütter behaartem Schädel, sondern aus dem Werbefreund, der dicken
Loseblattsammlung, die in kaum einem PR-Büro
Ostfrieslands fehlte.

»Wir holen Ihnen die Sterne vom Himmel!
– Suchen Sie die Weihnachtssterne in unseren
Schaufenstern und gewinnen Sie einen Stern.
Sichern Sie sich noch heute Ihren Schlüssel zur
Zukunft!«

Die Leute müssen doch romantischer sein, als
man denkt, überlegte Börger. Warum sollten sie
sich sonst die Nasen an den beschlagenen Scheiben
trister Dorfladenschaufenster plattdrücken und
zwischen klebrigweißen Kunstschneetannenbäu-
men nach halbwelken Topfblumen fahnden? In
den letzten Jahren hatte sich diese Mühe wenigstens gelohnt. Für ein anständiges Mountainbike
oder einen Wochenendtrip in ein nettes Hotel
konnte man schon einmal in die Dorfläden gehen,
ehe man zum richtigen Einkauf in die Stadt fuhr.
Aber in diesem Jahr waren nur die tiefgekühlten
Gänse, billiger Fusel oder Lebkuchentüten etwas
Handfestes. Die zehn Hauptpreise hingegen waren absolut lächerlich, fand Börger.

»Suchen Sie unsere Sterne und wir schenken

Ihnen einen Stern. Die zehn Hauptgewinner erhalten eine Besitzurkunde mit ihrem Namen für einen Stern des unendlichen Weltalls!«

Unendliche Weiten. Unendlicher Müll!

Trotzdem waren so viele Teilnahmekarte wie noch nie auf Börgers Schreibtisch gelandet. War es der Traum von einem Anteil am Universum? Die Vorstellung, irgendwann mit dem Schlüssel zur Zukunft aus dem Raumschiff zu steigen und den eigenen Stern in Besitz zu nehmen?

Aber wahrscheinlich war es doch nur der Appetit auf einen der Trostpreise. Für viele war eine gewonnene rachitische Tiefkühlgans die einzige Chance auf einen anständigen Festbraten. Börger seufzte. Der Gedanke an die Arbeitslosigkeit, die in Ostfriesland immer noch auf Rekordjagd war, behagte ihm gar nicht. Im nächsten Jahr werden sie wohl ein Dreimonatsabo für Essen auf Rädern oder einen Monat in einer geheizten Wohnung verlosen. Vielleicht werde ich dann froh über eine Teilnahmekarte sein.

Aber noch hatte er Arbeit, und die musste er verdammt noch mal endlich erledigen.

*

Sindjar hatte die Kapsel von Anfang an nicht für eine Fäschung gehalten. Zu oft hatte er sich mit dem Inhalt der eigenartigen sonde beschäftigt. In jeder freien Minute ging er durch die Zeitschleuse und suchte in der Kapsel nach Antworten.

Sie stand dort mitten in der Kammer, in die man sie gebracht hatte, nachdem eine unmittelbare Gefahr augeschlossen worden war. Sie würde dort immer unverändert stehen, denn Zeit war schließlich keine Konstante, sondern eine Dimension, in der man sich nach Belieben in jede Richtung bewegen konnte. Die Ermittlungsteams konnten ihre Untersuchungen zu jeder gewünschten Zeit wieder aufnehmen, die Kapsel in ihre Einzelteile zerlegen und notfalöls wieder von vorne anfangen. Irgendwann würde es Sindjar gelingen, die Zeichencodes auf den Datenträgern der Sonde zu entschlüsseln.

*

Datei nicht gefunden
Überprüfen Sie Pfad und Dateinamen.

Börger rieb sich die brennenden Augen und stieß sich mit dem Fuß vom Tischbein ab. Der Drehstuhl ächzte, als Börger sich gegen die wackelnde Rückenlehne warf. Eigentlich gehörte das Möbel längst in den Anbau, wo die Firma sich in einem Museum selbst beweihräucherte. Mit einem Schild daran: Der erste Drehstuhl, den Firmengründer Hisko Doerfel nach Abschaffung der Holzstühle kaufte.

Vorsichtig stand Börger auf und rückte die Sitzfläche gerade. »Wir sind alle eine große Familie«, beschwor die Seniorchefin ihre Mitarbeiter regelmäßig. Besonders gerne, wenn sie neue Einsparungen verkündeter oder die Unordnung auf Schreibtischen und in Regalen kritisierte.

Eine große Familie, in der es einige Lieblingskinder gab und eine Menge Aschenputtel, viel Geheimniskrämerei und keine Privatsphäre. Neue Schreibtische wurden generell ohne Schlüssel ausgeliefert. Dem Hausmeister einen Schlüssel abzuschwatzen, war ein grober Fehler von Börger gewesen. Vom nächsten Tag an tauchte die Alte noch häufiger auf als bisher, stand unvermittelt im Büro und fahndete nach leeren Kaffeebechern, Jacken über der Stuhllehne oder vergessenen Tabletts.

Ihre Unverfrorenheit sei entweder grenzenlos naiv oder entspringe dem Gefühl ihrer uneingescghränkten Macht, hatte Silvia Hamphoff aus dem sekretariat erst heute wieder geütet. In der Raucherecke, dem einzigen Paltz ohne Berwegungsmelder und Gegensprechanlage, hatte sie Dampf abgelassen. Die Chefin, erzählte sie schäumend vor Wut, habe über die Unordnung in Silvias Schreibtischschubladen gegeifert. Sie hätte dort »nur ein paar Unterlagen gesucht«! Was zum Henker dachte sich Frau Doerfel dabei und was hoffte sie in den Tischen ihrer Mitarbeiter zu finden?

Börger hatte nur die Achseln zucken können. Seit über vierzig Jahren hatte niemand gewagt, dieser Frau Kontra zu geben. Jedenfalls niemand, der heute noch in dieser Firma arbeitete. Solange der Betrieb bestand, würde sich an dieser Personalpolitik nach Gutsherrenart nichts mehr ändern.

Börger öffnete die Bürotür mit den großen blanken Glasscheiben und ging um die Ecke zum Automaten, um sich einen Cappuccino zu ziehen.

*

Die totale Fremdheit der Zeichen in der Sonde war es, die Sindjars Zweifel an der Echtheit der Kapsel immer wieder zerstreute. Eine Fälschung, und sei sie noch so gut durchdacht, hätte sich durch Elemente der bekannten Sprachen verraten. Das völlige Fehlen solcher Ansatzpunkte ließ nur einen Schluss zu: Die Sonde stammte tatsächlich von einer anderen Lebensform mit komplett unterschiedlichen Strukturen.

Das erste schwache Signal, das die FLAZ-Sensoren auffingen, hatte sogar Sindjar trotzdem für einen Irrtum gehalten. Eine Interferenz aus einer Nachbargalaxis. Es hatte eine ganze Weile gedauert,. bis er sich und den anderen eingestanden hatte, dass die Signale kein Element der ihnen vertrauten Sprachen enthielten und offenbar denselben Ursprung hatten wie die Sonde.

Das erste Schiff, das dann auf Sava'ili gelandet war, hatte alle Zweifel beseitigt. Es gab eine Lebensform außerhalb ihrer Zone. Wesen, die nicht zu den Botanoiden zählten, aber dennoch schon so weit entwickelt waren, dass sie Raumfahrt betrieben und es schließlich geschafft hatten, bis zu ihnen vorzudringen. Wesen, die nicht wie die Botanoiden Energie aus Licht und Kohlenstoff assimilierten, sondern deren Stoffwechsel genau entgegengesetzt ablief. »Recycler« hatten die Sava'ilianer sie spöttisch genannt. Die Fremden verbrannten in ihren Organismen Materie mit Hilfe des Sauerstoffs, den die Bewohner Sava'ilis bei der Assimilation freisetzten.

Sie brachten Daten mit, die es erlaubten, den Sonden-Codes endlich auf die Spur zu kommen. Sindjar hatte sich über das Netz mit allen Informationen versorgt und die Grundstruktur der Sprache analysiert. Viele Squabs lang brütete er über den Daten aus der Sonde, verglich sie mit den Einzelheiten, die er aus dem Kontakt zu seinen Kollegen auf Sava'ili erfuhr.

Er musste so bald wie möglich so viel wie möglich über diese Dissimilatoren erfahren, das war ihm heute so klar wie lange nicht. Längst war es nicht mehr nur die Neugier des Wissenschaftlers, was ihn antrieb.

Die ersten Sauerstoffatmer waren mit offenen Armen aufgenommen worden. Endlich gab es nicht nur den Beweis für die Existenz anderer extrazonaler Lebensformen, sondern sogar die großartige Gelegenheit, dieses Leben zu studieren. Die Sava'ilianer erlaubten den Gästen, sich auf ihrem Planeten anzusiedeln. Sie schienen keine Bedrohung darzustellen und waren durch ihre eigenartige Lebensweise sogar ganz po9ssierlich. Die erste Stadt, die sie gründeten, war eine Zeit lang eine Attraktion und zog Touristen ebenso an wie Wissenschaftlerteams aller benachbarten Sternensysteme.

Die Sava'ilianer lachten auch noch über die Fremden, als das zweite Schiff den neuen Herr-schaer der Dissimilatoren mitbrachte. Als er ein Dokument vorlegte, das ihm den Besitz des sava‹ilianischen Zentralsterns bescheinigte, lach-ten sie immer noch. Niemand konnte so einfach eine Sonne mit all ihren Planeten beanspruchen, glaubten sie.

Sindjar hatte seine Zweifel.

Technologisch waren die Fremden ihnen unter-legen, ihre Waffen stellten keine ernsthafte Gefahr dar. Kaum jemand nahm sie ernst, bis die ersten Sava'ilianer an unbekannten Krankheiten starben.

Dissimilatoren waren wie Chroques. Parasiten, die den Wirtsorganismus schwächten, extrem anpassungsfähig, mit einer ungeahnten Fortpflanzungsfrequenz und sehr schwer zu bekämpfen. Die einzige Chance war, die Ansteckung zu vermeiden.

Sindjar stand auf und machte sich auf den Weg zur Zeitschleuse. Er musste die Raumsonde noch einmal untersuchen. Sava'ili, Parna und jetzt sogar schon Krotson - ein Planet nach dem anderen wurde von den Dissimilatoren befallen. Chirux sollte keine weitere Kolonie der Sauerstoffatmer werden, wenn er es irgendwie vermeiden konnte.

*

»Vergessen Sie nicht, das Tablett zum Automaten zurückzubringen!«

Börger zuckte zusammen, als ihn die scharfe Stimme von hinten traf. Der heiße Kaffee, den er gerade gezapft hatte, lief ihm über die Hand, schwappte über seine Hose und tropfte milchigbraun auf die grauen Steinfliesen.

»Frau Doerfel, guten Tag«, murmelte Börger verlegen, senkte den Blick an der gnomenhaften Gestalt vorbei auf die Cappuccinolache, die sich eine Handbreit von den teuren, klobigen, schwarzen Lederschuhen der Seniorchefin ausbreitete. »Eigentlich wollte ich gar kein Tablett ...« Der Satz blieb unvollendet in der Luft hängen, als sei er sich seiner Sinnlosigkeit selbst bewusst. Börger stellte den halb vollen Becher im Ausgabefach der Maschine ab, zögerte, unschlüssig, ob die Alte eher ein paar höfliche Floskeln oder eiliges Aufwischen erwartete. Nach einen kurzen Blick in die eiswässrigen Augen entschied er sich fürs Wischen.

»Der Hausmeister hat Eimer und Lappen.« Die schnarrende Stimme bremste seinen Schritt in Richtung der Toiletten. »Sie wollen doch keine Papiertücher dafür verschwenden!«

Als Börger mit dem wassergefüllten Eimer zurückkam, war nur noch der Cappuccinofleck da, und der stechende Geruch nach Moder und Verfall, den auch das teure Parfum der Alten nie ganz kaschierte, hing noch im Flur.

Mit unterdrücktem Stöhnen ließ Börger sich auf ein Knie sinken und sah zu, wie das gelbe Schwammtuch den braunen Kaffee aufsog. Sie zwingt jeden in die Knie, dachte er bitter. Unvorstellbar, wenn solche Menschen noch mehr Macht über noch mehr Lebewesen bekämen!

*

Mit einem leisen Zischen wichen die Türflügel auseinander und Sindjar trat in die Untersuchungskammer. Wie immer dauerte es einige Augenblicke, ehe er sich der Zeitumstellung angepasst hatte. Er flutete den Raum mit energiereichem Licht, um die Zirkulation in Schwung zu bringen, ehe er in die Raumkapsel der Recycler stieg. Routiniert ließ er seine optischen Rezeptoren über die Oberflächen wandern.

Zu routiniert, zu eingefahren. So hatte es keinen Sinn.

Sindjar ließ sich auf dem metallenen Bode nieder und versuchte, diesmal nur die fremde Umgebung auf sich wirken zu lassen und nicht die ewig gleichen Fährten aufzunehmen.

Hoffentlich hatte Chakri nur ein technisches Problem, dachte Sindjar. Aber er durfte sich nichts vormachen. Schließlich hatte Chakri ihn bis heute immer zuverlässig auf dem Laufenden gehalten.

Er wusste, dass die Dissimilatoren sich auf Krotson eingenistet hatten wie Schimmel, dass sie ihre yzelien durch die krotsonische Gesellscvhaft gewoben hatten, bis der Eindruck entstand, Dissimilatoren und Assimilatoren könnten tatsächlich zusammenleben und voneinander profitieren als eine große interstellatre Familie, wie die Anführer der Krotson-Recycler es nannte.

Sindjar schloss die Finger um einen blanken Zylinder.

Es gab auf Krotson längst kein Gleichgewicht mehr. Und ohne Gleichgewicht konnte eine Symbiose nicht funktionieren.

Auf dem Material waren keine Zeichen zu sehen, deshalb hatte sich bislang niemand besonders um den Metallzylinder gekümmert. Jetzt aber zog ihn der Gegenstand an und er wog ihn in der Hand. Wenn er nun hohl war und die Zeichen in seinem Inneren verborgen waren?

Vielleicht hatte er den Schlüssel endlich gefunden. Die Krotsoni hatten wenig Aussicht, der Sklaverei zu entkommen. Die Dissimilatoren hielten sie mittlerweile in Lagern, um von ihrem Sauerstoff zu zehren. Die jüngsten Gerüchte besagten, immer mehr Krotsoni verschwänden auf mysteriöse Art und Weise und es wurde sogar behauptet, es komme zu Botanophagie!

Der faserdünne Spalt in der Mitte des Zylinders bestätigte Sindjars Verdacht, doch er entdeckte keinen Mechanismus, der das blanke Ding öffnete.

Es war ein Schiff gemeldet worden, noch weit entfernt, doch offensichtlich mit Kurz auf Chirux.

»Die Ansteckung vermeiden« - das klang so einfach. Aber wie?

Sindjar packte beide Enden des Zylinders, zog und drehte.

Woher nahmen sie das Recht, andere Planeten zu besetzen, sich zu Herren über deren Bewohner aufzuschwingen?

Als die Hälften des Zylinders sich unvermutet voneinander lösten, verlor Sindjar beinahe das

Gleichgewicht. Eine Rolle aus einzelnen dünnen Blättern fiel zu Boden. Die großen, gelblich-weißen Bögen waren in mehreren Schichten zusammengefaltet und mit schwarzen Zeichen in unterschiedlichen Größen bedeckt. Dazwischen sah Sindjar Bilder. Aus unzähligen Punkten zusammengefügt, aber trotzdem deutlich erkennbar, zeigten sie – Recycler!

Die männlichen Exemplare waren meist in graue Hüllen gewickelt, die nur die Köpfe und die zehn blassen Finger freiließen. Sindjar schauderte und wehrte sich gegen das Gefühl, zu ersticken. Kein Licht, kein Kohlendioxid kam jemals an diese fahlen, weißen Leiber.

Deutlich mehr war von den meisten Weibchen der Dissimilatoren zu sehen, zumindest von den jüngeren.

Sindjar blätterte weiter. die klein gedruckten Zeichen hob er sich für später auf.

Die nächsten Blätter protzten mit leuchtenden, grellen Farben, die Symbole waren groß und schienen zu schreien. Neugierig schaltete Sindjar den Translator ein, den er mit der Sprachstruktur der Recycler gefüttert hatte.

Erst verständnislos, dann ungläubig las er, was auf dem Schirm des Translators erschien:

»*Wir holen Ihnen die Sterne vom Himmel*« *Su-*

chen sie die Weihnachtssterne und gewinnen Sie einen Stern! Sichern Sie sich Ihren Schzlüssel zur Zukunft!
Teilnahmekarten abzugeben bis zum 23. Dezember 2010 bei Dorfel & Sohn, Hauptwieke 13, Stiekelermoor. Ihr verlässlicher Partner seit 42 Jahren.«

Freudige Aufregung durchpulste Sindjar. Er hatte mit einem Mal einen Namen, einen Ort und - was noch schwerer wog - ein Datum. Oder sogar zwei.

Es gab Hoffnung, nicht nur für Chirux, sondern vielleicht sogar für Krotson, Parna und Sava'ili.

*

Als Börger endlich das Gesicht dem kalten Nieselregen entgegenheben konnte, atmete er tief durch. Wieder ein Tag überstanden.

Die Gewinnerlisten waren wieder aufgetaucht. Breitkopf hatte sie überarbeitet, denn Annette Doerfel wollte ihren Nachkommen außer Doerfel & Sohn etwas von bleibendem Wert hinterlassen. Deshalb hatte Breitkopf der drei Monate alten Doerfel-Enkelin einen der Sterne zugeschanzt und dafür einem arbeitslosen Familienvater statt eines Himmelskörpers einen Christstollen spendiert.

Hätte Börger gegen diese gute Tat protestieren müssen?

Er hatte es nicht getan, stattdessen hatte er

Breitkopf nur darum gebeten, die Dateien, die er überarbeitete, künftig ins richtige Verzeichnis zurückzuspeichern. Feigling, schalt sich Börger halblaut.

*

Den Schlüssel zur Zukunft seines Sonnensystems zu benutzen, war nicht weiter schwierig. Jedenfalls nicht für Sindjar, der sich im Deep Space Net auskannte wie andere Chiruxi in der eigenen Sprinkleranlage. Er musste sich nur trauen.

Welches Vergehen wog schwerer: der Versuch, Kontakt mit Dissimilatoren aufzunehmen und in ihre Systeme einzudringen, oder der Eingriff in das Zeitkontinuum? Eigentlich war es gleichgültig. Wenn irgendetwas schiefging, konnte er sich genauso gut kompostieren lassen.

Aber wenn er Erfolg hatte, konnte er die Recycler-Epidemie nicht nur aufhalten, sondern die Ansteckung komplett verhindern. Das hieße: Freiheit nicht nur für Chirux, sondern auch für Parna, Krotson, Sava'ili und wer weiß für wie viele andere Lebewesen des Universums. Es kam nur darauf an, den richtigen Zeitpunkt zum Eingreifen zu treffen. Und dabei würde ihm das bunte Blatt aus der Kapsel helfen.

Den Weg aus dem Deep Space Net in das Rechnersystem der Dissimilatoren würde er mit seiner

Erfahrung schnell finden, dann konnte er die relevanten Daten bearbeiten oder läöschen.

Sindjar sah sich ein letztes Mal um, ehe er mit dem DSN-Adapter die Zeitschleuse betrat.

*

Datei nicht gefunden.
Überprüfen Sie Pfad und Dateinamen.
Börger fluchte.

Wolke de Witt
Sturm im
Zollhaus
Ostfrieslandkrimi
978-3-934927-77-3

H. & P. Gerdes
Friesisches
Mordkompott
Süßer Nachschlag
978-3-939689-21-8

H. & P. Gerdes
Friesisches
Mordkompott
Herber Nachschlag
978-3-939689-20-1

Gerdes /U. Voehl
Westfälisches
Mordkompott
978-3-86412-

H. & P. Gerdes
Mordkompott
Meerumschlungen
978-3-939689-68-3

Venske/ Gerdes
Gepfefferte
Weihnachten
978-3-939689-38-6

Peter Gerdes
Sand und Asche
Inselkrimi
Langeoog
978-3-939689-11-9

Peter Gerdes
Solo für Sopran
Inselkrimi
Langeoog
978-3-939689-63-8

Peter Gerdes
Wut und
Wellen
Inselkrimi
978-3-939689-34-8

Peter Gerdes
Zorn und
Zärtlichkeit
978-3-939689-64-5

Barbara Wendellen
Tod an der
Blauen Balje
978-3-939689-78-2

Friedrich Ebding
Bon Réveil – Für
immer Provence
978-3-939689-76-8